はじまるよ〜

すぐに使える！ペープサート・パネルシアターの型紙つき！

わくわく
保育のフレーム・飾り罫 CD-ROM

どんぐり。著

マール社

使い方無限大！作例集・1

コピー派の先生もパソコン派の先生もみんなで使えます！

おたより

おたより：かかせない保護者の方へのおたよりや配布物も、かわいい枠を使うことでぐっと楽しい雰囲気に仕上がります！

掲示物

コピーしてたくさん配布するものなら白黒データ、おしらせなどの掲示物や壁飾り等、点数を多く作らず目立たせたいものにはカラーデータの使用がおすすめです。用途に合わせて使い分けてください。

掲示物：せっかく貼るならかわいくて目立つデザインに！ 水まわりや屋外に貼る際は、百円ショップなどで手に入る書類整理用のクリアファイルやクリアーポケットに入れると長持ちします。

季節のはがき

あけまして
おめでとうございます

おしゃべりが だいすきな ななみちゃん、
いつも にこにこえがおで いっぱい おはなし
してくれて せんせいは うれしいです。
ようちえんが はじまったら どんな
はつゆめをみたか おしえてね！
♥さとみせんせいより♥

A HAPPY NEW YEAR

新年にげんきいっぱいのゆうとくんに会えるのを
みにしています！
しゅんすけせんせいより

ペープサート・パネルシアターの枠なしの型紙は、縮小して使えばイラストカットとしても使えます。

日付・お天気・お当番カード

日付・お天気・お当番カード：
裏に市販のマグネットシートを貼れば、黒板やホワイトボードに貼ったりはがしたりして、繰り返し使えます。

5 がつ 18 にち
金 ようび

表紙絵

さくひんちょう
ばらぐみ：もりあきラ

賞状

なかよし賞

ひまわりぐみ
ゆいちゃん

あなたは まいにち おともだち
と なかよく あそびました
これからも たくさんの おとも
だちを つくってくださいね

平成二十四年三月九日
マールようちえん
まつなが せんせい

クラスや個人のマークに

ゆうき　のぞみ
ゆうき　のぞみ
ゆうき　のぞみ
ひな　こうじ
ひな　こうじ
ひな　こうじ

ほしぐみ　つきぐみ
そらぐみ　にじぐみ

使い方無限大！作例集・2

型紙をプリントアウトやコピーをするだけでペープサートやパネルシアターの絵人形が、簡単に作れます！ 作りたいけど時間がない、そんなときの強い味方です。

※型紙はペープサートもパネルシアターも同じものを使います。

ペープサート
例：3びきのこぶた

「木の家だから安全だね！」

「ウー‼」

「わぁ〜っ！逃げろ〜‼」

クルッ

こんな使い方も…
シルエットクイズ

「ネズミさん、ウシさん、トラさん…次にくるのは誰かな？ 耳の長い動物だよ〜。」

「ウサギさん！」

絵人形の裏面に黒い画用紙を貼付けたり、黒のペンで塗りつぶせば、シルエットクイズにも使えます！

クルッ

パネルシアター
例：かさじぞう

おやおや、おじぞうさまの頭に雪がつもっておる。さぞ寒かろう…

クルッ

クルッ

ありがとう！

こんな使い方も…
ぬりえ

白黒の型紙をプリントアウトしたりコピーしたりすれば、ぬりえに使えます。こどもたちが塗った型紙で、絵人形を作っても楽しいですね！

ペープサート・パネルシアターの絵人形作りに必要な材料はP58、絵人形の作り方（型紙の使い方）はP140に掲載しています。

目次

- ★使い方無限大！ 作例集・1 ……………………………………… P2
- ★使い方無限大！ 作例集・2 ……………………………………… P4
- ★目次 …………………………………………………………………… P6
- ★CD-ROMについて ………………………………………………… P8
  - 本の見方 …………………………………………………………… P8
  - 本を使って画像を探そう ………………………………………… P8
  - JPEG形式とPNG形式どう違うの？ …………………………… P9
  - 収録データはこの4パターン …………………………………… P9
  - CD-ROMはどこ？ ………………………………………………… P10
  - フォルダ構成 ……………………………………………………… P11
- ★ワードでイラストをつかってみよう …………………………… P12
  - 画像を挿入する …………………………………………………… P12
  - 画像を動かせるように設定する ………………………………… P14
  - 画像の移動と拡大・縮小・回転 ………………………………… P14
  - 画像の一部分を使う（トリミング） …………………………… P15
  - ワードで挿入した画像の上に文字を入れる …………………… P16
  - PNGデータの背景が透明にならないときは・・・ ……………… P19
- ★使用許諾範囲について …………………………………………… P20

フレーム・飾り罫

		カラー	白黒
4月	4月のイメージ／入園／登園／交通安全／イースター	P22	P64
5月	5月のイメージ／春の遠足／こどもの日／母の日	P24	P68
6月	6月のイメージ／梅雨／父の日／身体測定／虫歯予防	P26	P72
7月	7月のイメージ／七夕／夕涼み会／プール開き／潮干狩り	P28	P76
8月	8月のイメージ／夏休み／お泊まり保育／花火大会／夏祭り／海	P30	P80
9月	9月のイメージ／お月見／防災の日／敬老の日／秋の遠足	P32	P84
10月	10月のイメージ／運動会／ハロウィン	P34	P88
11月	11月のイメージ／バザー／いもほり／作品展／読書週間	P36	P92
12月	12月のイメージ／クリスマス／大掃除／雪	P38	P96

		カラー	白黒
1月	1月のイメージ／お正月／年賀状／かるた大会／もちつき	P40	P100
2月	2月のイメージ／節分／発表会／インフルエンザ／バレンタイン	P42	P104
3月	3月のイメージ／ひなまつり／卒園	P44	P108
フリー	何にでも使えるシンプルなフレーム・飾り罫	P46	P112
生活	登下校／衛生／お弁当／お昼寝／運動／お掃除	P48	P116
	衣替え／持ち物／お当番／飼育／屋外遊び／屋内遊び	P49	P119
知育	読み聞かせ／お絵描き／ペープサート／パネルシアター／英語／日本語	P50	P122
先生	入園児面接／個人面談／家庭訪問／指導	P51	P125
誕生	お誕生日／赤ちゃん／乳幼児保育	P52	P128

		カラー	白黒
文字	ひらがな／その他	P53	P131、P132
	カタカナ／その他	P54	P133、P134
	アルファベット／数字／その他	P55	P135、P136
	組み文字／タイトル文字／その他	P56	P137、P138

ペープサート パネルシアター

★かんたん！わくわく！ペープサート・パネルシアター ……… P58
ページの見方 ……… P58
絵人形作りに必要な道具 ……… P58

	カラー	白黒
おはなし①あかずきん	P59	P141
おはなし②かさじぞう	P60	P145
おはなし③3びきのこぶた	P61	P150
おはなし④じゅうにしのおはなし	P62	P155

★絵人形の作り方（型紙の使い方） ……… P140

CD-ROMについて

　付属のCD-ROMは、画像データを収録した素材集です。インストールして使うものではありません。使うときにCD-ROMを挿入し、画像を開いてください。何度も使いたいお気に入りの素材はパソコンにコピーしておくと便利です。（デスクトップに画像をドラッグすればコピーできます）。
　収録してある素材を開くためには、画像を扱うことのできるソフトが必要です。Microsoft Word（ワード）、一太郎などが代表的なソフトですが、年賀状作成ソフトなどもほとんどが画像を扱えます。

このCD-ROMが使えるパソコン
Windows マシン
Macintosh

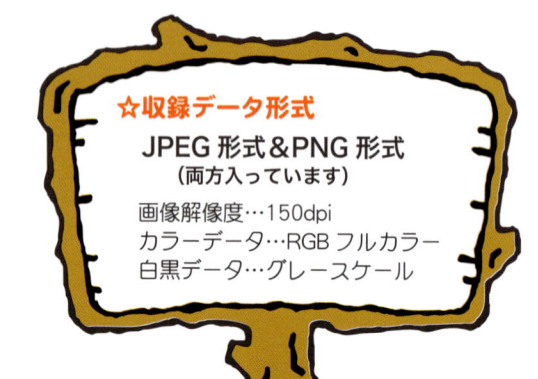

☆収録データ形式
JPEG形式＆PNG形式
（両方入っています）

画像解像度…150dpi
カラーデータ…RGBフルカラー
白黒データ…グレースケール

本の見方

　付属のCD-ROMには同じイラストがカラーと白黒で、また、それぞれJPEG形式とPNG形式で収録されています（ペープサート・パネルシアターの型紙はJPEG形式のみ）。そして、そのイラストはすべて本書紙面上にもカラーと白黒で掲載されています。
　本書は画像データを探すときのカタログとして使うこともできますし、コピー機を使ってページをコピーし、切り貼りして使うこともできます。白黒のイラストはカラーよりもコピー機での使用が多くなると思いますので、使いやすさを考え、ページ上には大きめに掲載しましたが、データの大きさはカラーも白黒も同じです。また、本に掲載した大きさが異なるため、レイアウトの都合上、同じ図柄でもカラーと白黒ではデータのファイル名（番号）が異なっているものがありますので、ご了承ください。

❤本を使って画像を探そう

データが入っているフォルダを表します。

データのファイル名です。パソコンの設定によって、「.jpg」や「.png」といった拡張子がファイル名の後につくこともあります。

同じイラストの白黒版を探す場面は、こちらのページをご覧下さい。

JPEG形式
「CD-ROM」の中の「01_4」フォルダの中の「4月JPG」フォルダに、データが入っています。

PNG形式
「CD-ROM」の中の「01_4」フォルダの中の「4月PNG」フォルダに、データが入っています。

4月 データの場所
CD-ROM
01_4
4月JPG　4月PNG

4月のイメージ／入園／登園／交通安全／イースター

★白黒はP64～P67

4月の行事予定
文字あり…4_01a
文字なし…4_01b
文字のみ…4_01c

4月の園だより
文字あり…4_02a
文字なし…4_02b
文字のみ…4_02c

JPEG形式とPNG形式 どう違うの？

画像を圧縮するときの方法の違いです。JPEG（ジェイペグと読みます）は背景が白なのに対して、PNG（ピーエヌジーまたはピングと読みます）は背景が透明になります。そのため、画像の上にイラストを重ねる場合や、下に色を入れたい場合は、PNGの方が自然にレイアウトできます。

ではPNGだけでJPEGはいらないかな？と思うかもしれませんが、PNGにも欠点があります。JPEGがほとんどのアプリケーションソフトに対応しているのに対して、PNGはアプリケーションソフトによっては背景が透明にならなかったり、読み込みや印刷に時間がかかったり、また読み込めなかったりすることがあります。お使いのソフトがPNGに対応しているかどうかは、各ソフトに付属のマニュアル等を参照して下さい。

※ワード2002など、一部のウィンドウズ環境で、PNGデータの背景が透明にならない場合の解決方法は、P19に掲載しています。

♥収録データはこの4パターン

JPEG形式（カラー）　　PNG形式（カラー）

JPEG形式（白黒）　　PNG形式（白黒）

CD-ROM はどこ？

ウィンドウズの場合
CD-ROM はコンピューターの中にあります。

※この解説では、解説画面は基本的に**ウィンドウズ7（ウィンドウズ Vista も同じ）**の例を使って説明し、補足的に**ウィンドウズ XP** の例を紹介しています。

**① ** パソコンを立ち上げ、本書の巻末に付いている CD-ROM を入れます。
下のような画面が現れたら、どこも選択せずに「×」ボタンをクリックして画面を閉じてください。

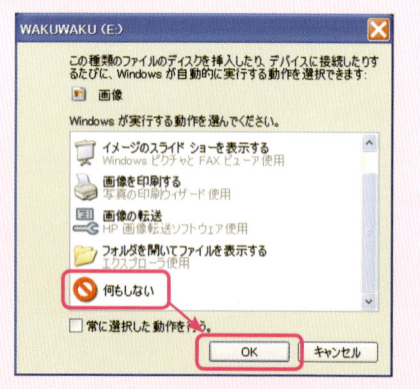

**② ** 画面左下の「スタート」メニューから、右上にある「コンピューター」（Vista の場合は「コンピュータ」）を選択します。デスクトップに「コンピューター」のアイコンがある場合は、ダブルクリックして開くこともできます。

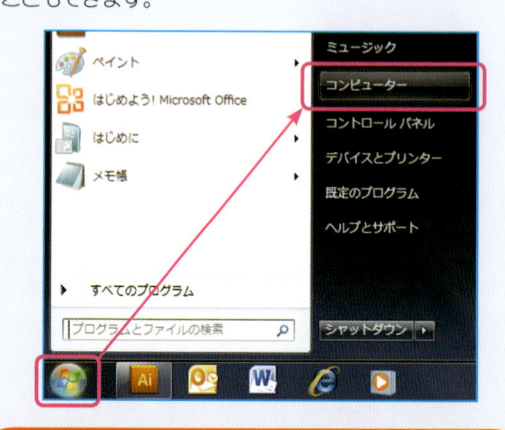

◆**ウィンドウズ XP の場合**◆
下のような画面が現れたら、「何もしない」を選択して「OK」をクリックしてください。何も現れない場合は、そのまま次に進んでください。

◆**ウィンドウズ XP の場合**◆
画面左下の「スタート」メニューから、右上にある「マイ コンピュータ」を選択します。 

**③ ** コンピューターの中に「WAKUWAKU」という名前で CD-ROM が表示されています。

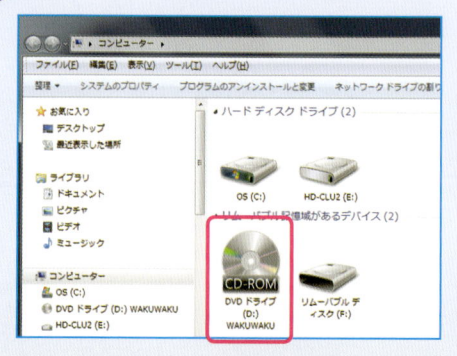

マッキントッシュの場合
CD-ROM はデスクトップにあります。

CD-ROM を入れると、デスクトップにブタのアイコンとともに「WAKUWAKU」という名前で CD-ROM が表示されます。

※「Finder」の設定によっては、HD の中に表示されることもあります。

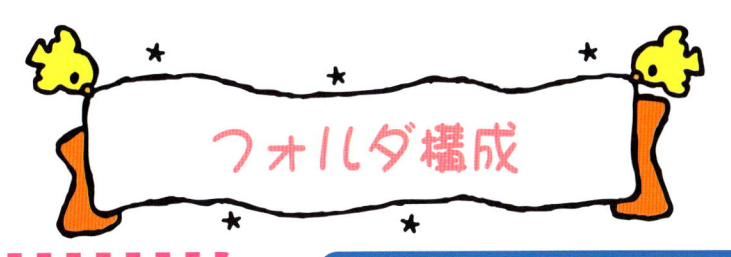

フォルダ構成

「WAKUWAKU」CD-ROM を開いてみましょう

※この解説では、解説画面は**ウィンドウズ7（ウィンドウズVistaも同じ）**です。フォルダ構成とCD-ROMを開く手順は、ウィンドウズXP及び他のバージョンのウィンドウズ、マッキントッシュでも同じです。

1階層目

「WAKUWAKU」CD-ROMの中には、右のような22のフォルダが入っています。

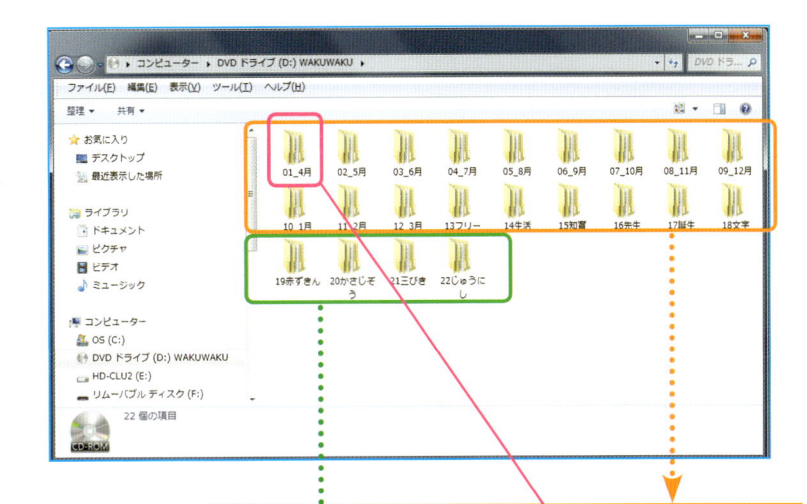

2階層目

「01_4月」〜「18文字」のフォルダには、次のような4種類のフォルダが入っています。

- ★「白黒J」→白黒のJPEG形式データ
- ★「白黒P」→白黒のPNG形式データ
- ★「JPG」→カラーのJPEG形式データ
- ★「PNG」→カラーのPNG形式データ

「19赤ずきん」〜「22じゅうにし」のフォルダには、次のような2種類のフォルダが入っています。

- ★「白黒J」→白黒のJPEG形式データ
- ★「JPG」→カラーのJPEG形式データ

使いたい色・形式を選んでください。

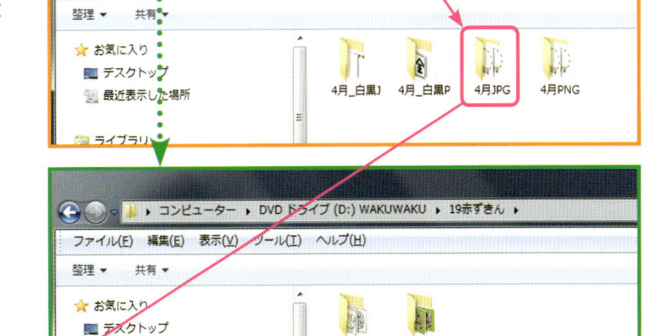

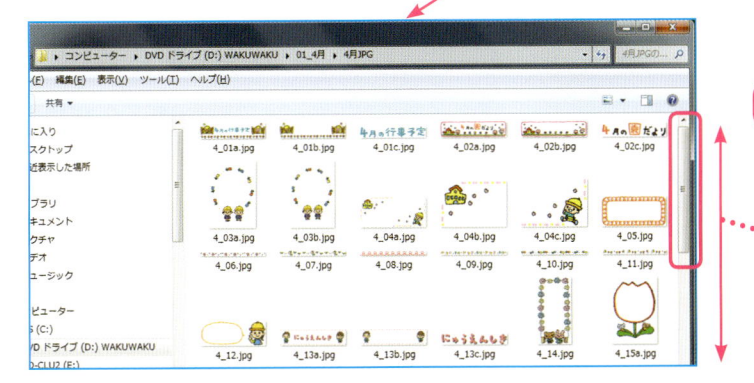

3階層目

3階層目にそれぞれのフォルダの中に入っているデータが現れます。スクロールバーを上下に動かして、目的のイラストを探してください。

ワードでイラストをつかってみよう

ワード2010でイラストをつかってみよう
（ワード2007もこちらを参考にしてください）

※解説画面は**ウィンドウズ7**です。

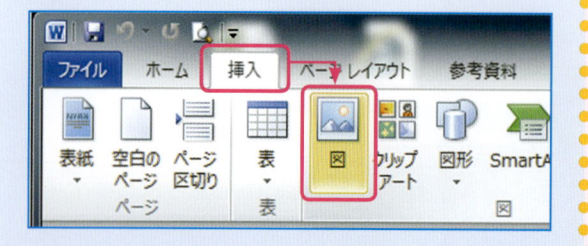

ワード2003でイラストをつかってみよう
（ワード2002・2000もこちらを参考にしてください）

※解説画面は**ウィンドウズXP**です。

画像を挿入する

ここでは、P22の「4_03a」の画像を挿入します。

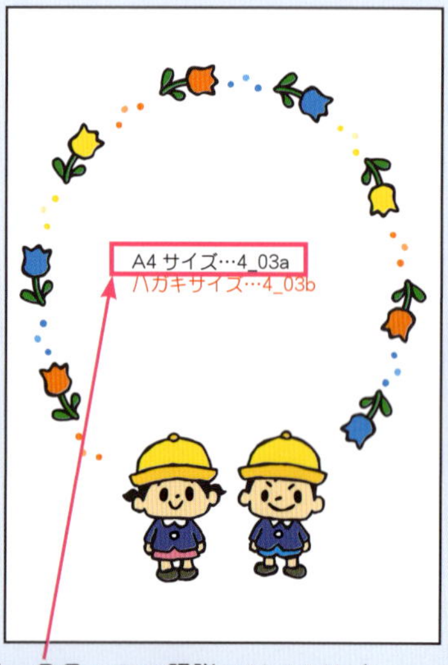

A4サイズ…4_03a
ハガキサイズ…4_03b

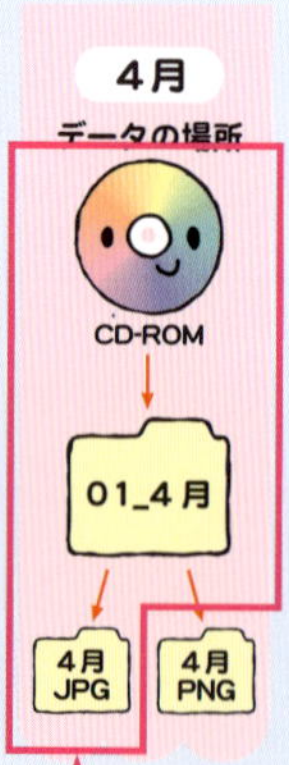

データ名：この解説ではA4サイズを選びました。

4月
データの場所
CD-ROM
↓
01_4月
↓
4月JPG　4月PNG

データのある場所です。この順に開いていきます。

① CD-ROMを挿入します。ワードを立ち上げ、文書を用意します。

② リボンから「挿入」タブをクリックし、「挿入」の「図」グループから「図」を選択します。

ここでは、P44の「3_04a」の画像を挿入します。

データ名：この解説では上下セットを選びました。

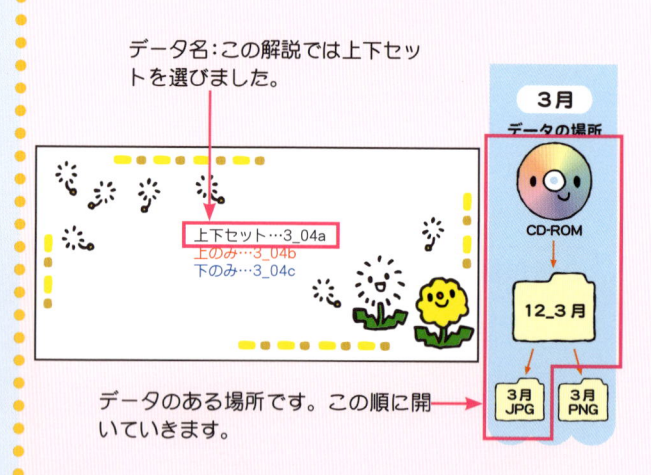

上下セット…3_04a
上のみ…3_04b
下のみ…3_04c

3月
データの場所
CD-ROM
↓
12_3月
↓
3月JPG　3月PNG

データのある場所です。この順に開いていきます。

① CD-ROMを挿入します。ワードを立ち上げ、文書を用意します。

② メニューバーから「挿入」を選択し、「挿入」のサブメニューから「図」→「ファイルから」の順に選択します。

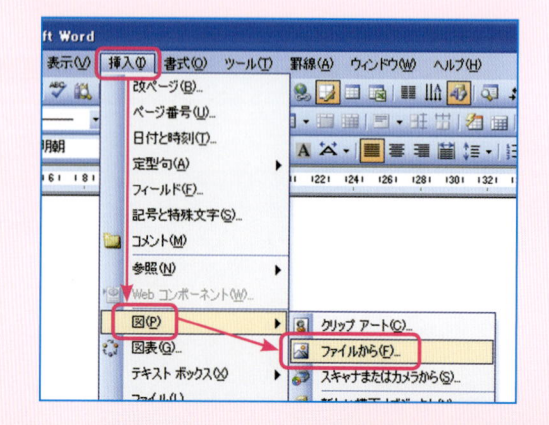

③ 「図の挿入」ウィンドウが開きます。「コンピューター」の中の「WAKUWAKU」CD-ROM を選択すると CD-ROM の中が表示されますので、「01_4月」をダブルクリックします。

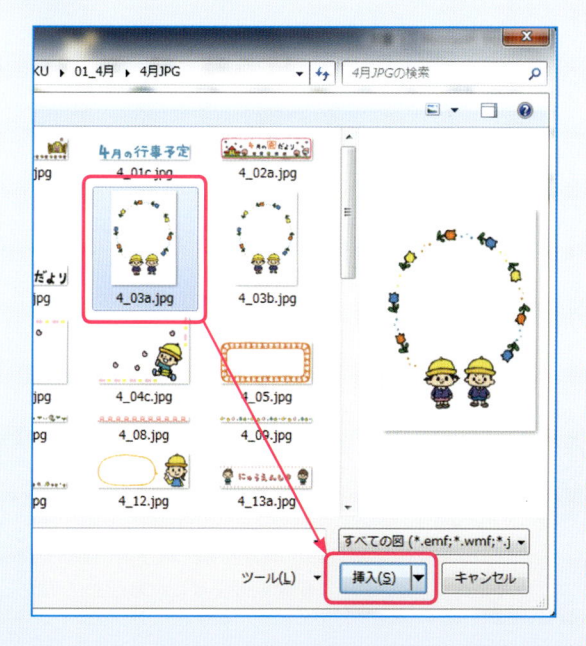

③ 「図の挿入」ウィンドウが開きます。続いて「マイコンピュータ」の中の「WAKUWAKU」CD-ROM を選択し、CD-ROM をダブルクリックして開きます。

「∨」をクリックして CD-ROM を見つけることもできます。

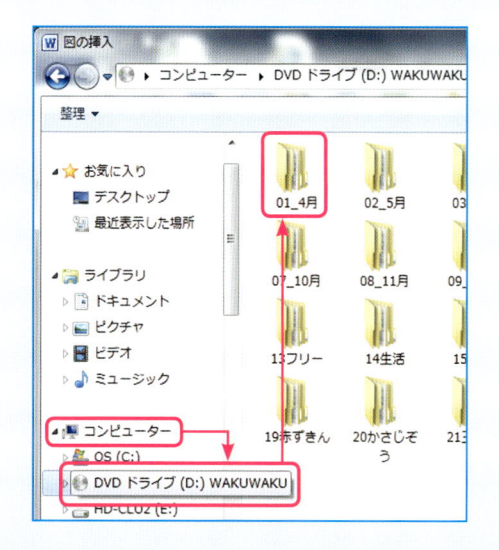

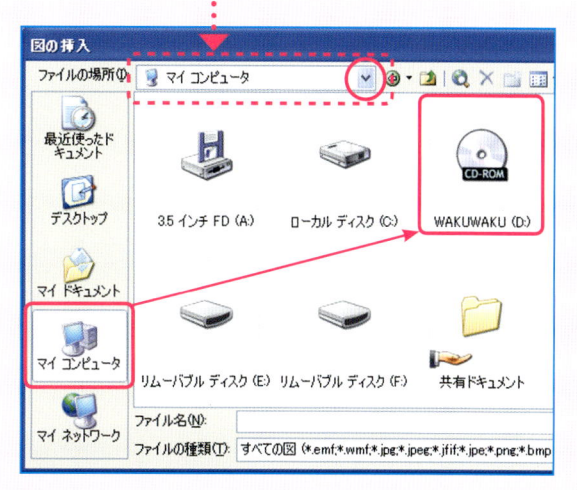

④ 「4月JPG」をダブルクリックします。

④ フォルダを順に開いていき、「3_04a」を選択して「挿入」をクリックします。

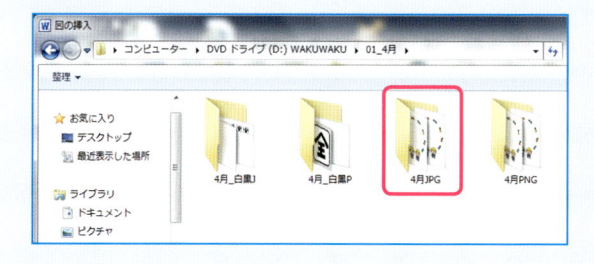

⑤ 「4_03a」を選択して「挿入」をクリックします。

13

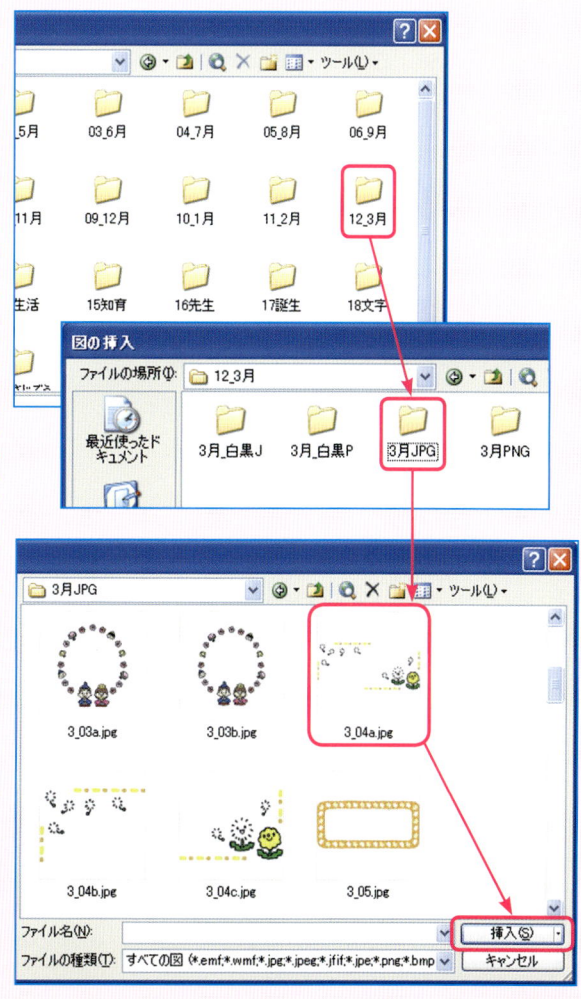

⑥
文書に画像が挿入されました。

⑤
文書に画像が挿入されました。

画像を動かせるように設定する

リボンから「書式」タブを選択し、「配置」グループの「文字列の折り返し」をクリックします。現れたメニューから「行内」以外を選択します。

画像の上で右クリックし、現れたメニューから「図の書式設定」を選択します。

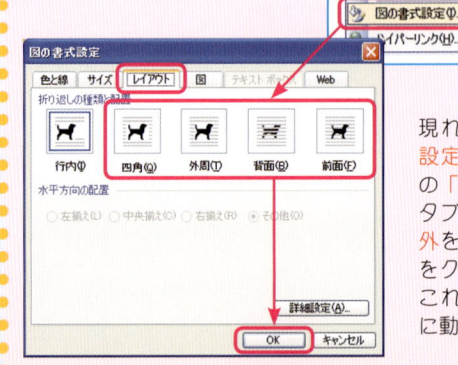

現れた「図の書式設定」ウィンドウの「レイアウト」タブで「行内」以外を選択し、「OK」をクリックします。これで画像は自由に動かせます。

※上に文字をのせる場合は **「背面」** を、下に色などを入れる場合は **「前面」** を選択するといいでしょう。

画像の移動と拡大・縮小・回転

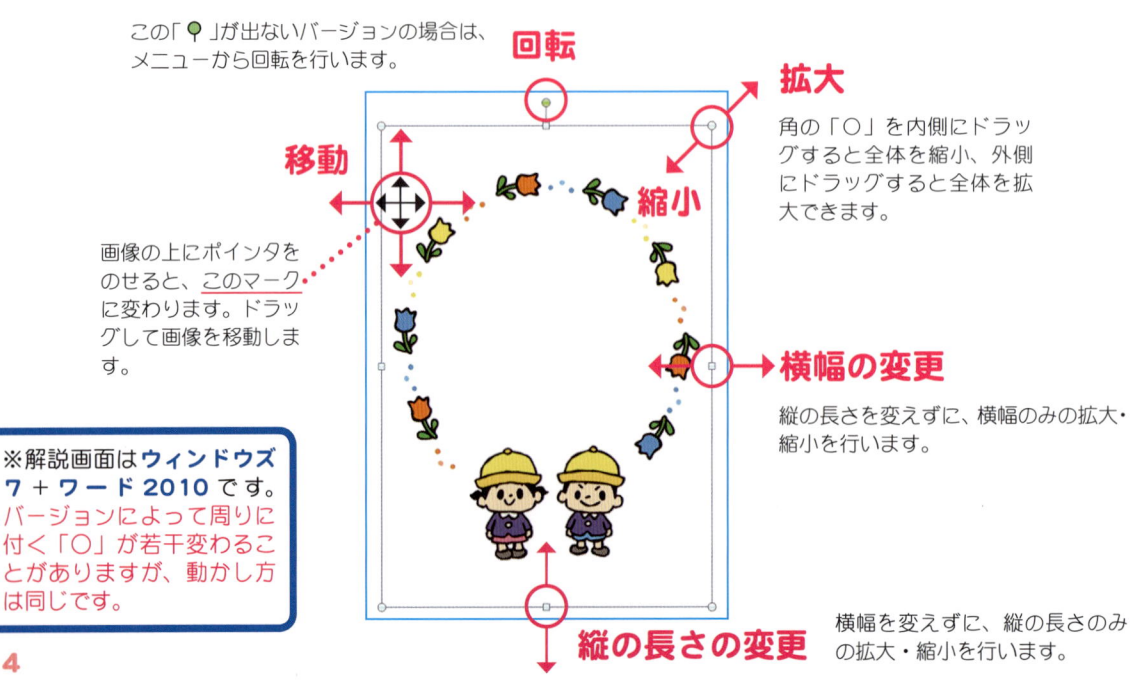

この「🟢」が出ないバージョンの場合は、メニューから回転を行います。

回転

拡大
角の「○」を内側にドラッグすると全体を縮小、外側にドラッグすると全体を拡大できます。

移動
画像の上にポインタをのせると、このマークに変わります。ドラッグして画像を移動します。

縮小

横幅の変更
縦の長さを変えずに、横幅のみの拡大・縮小を行います。

※解説画面は**ウィンドウズ7＋ワード2010**です。バージョンによって周りに付く「○」が若干変わることがありますが、動かし方は同じです。

縦の長さの変更
横幅を変えずに、縦の長さのみの拡大・縮小を行います。

画像の一部分を使う（トリミング）

データの一部分のみを切り取って使う方法を紹介します。トリミングにより、画像データをフレームや飾り罫としてだけでなく、イラストカットとしても使用することができます。
※トリミングは四角形のみです。入り組んだイラストの切り抜きはできません。

> ※この解説では、解説画面は基本的に**ウィンドウズ7**＋**ワード2010**の例を使って説明し、補足的に**ウィンドウズXP**＋**ワード2003**の例を紹介しています。

① P12～P14の手順に従って、P25の「5_20d」の画像を挿入しました。
　フレームの右下のくまの親子の部分だけ使うことにしました。

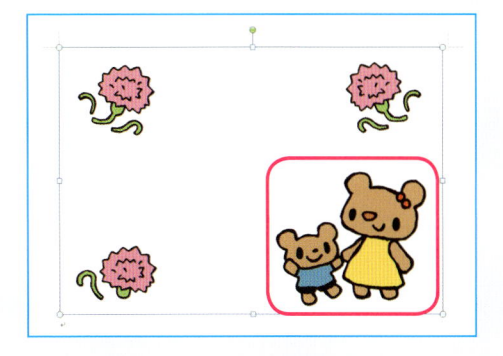

② 画像を選択し、「書式」タブの「サイズ」グループから「トリミング」をクリックします。画像の枠が変わり、トリミングできる状態になります。
※バージョンによっては、枠が変わらない場合もあります。

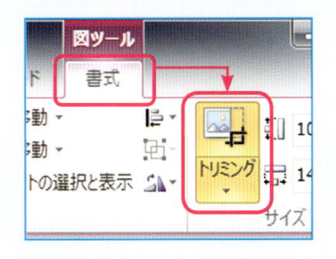

◆ワード2003の場合◆
画像を選択し、ツールバーから「トリミングツール」をクリックします。画像の枠が変わり、トリミングができる状態になります。

※ツールバーが見つからない場合は、メニューバーから「表示」→「ツールバー」→「図」の順に選択すると表示されます。

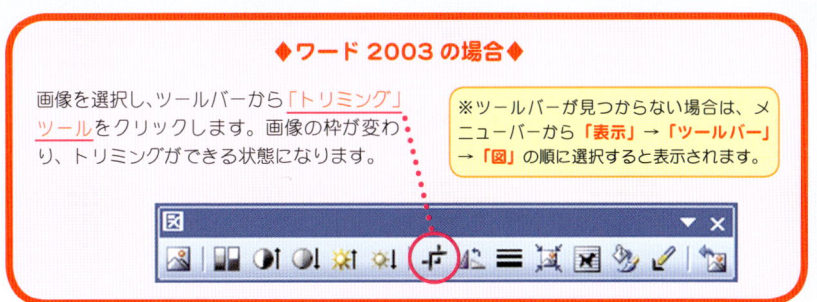

③  くまの親子のところまでドラッグしてトリミングします。

④ くまの親子のみになり、トリミング完了です。

一度他のところをクリックして選択をはずし、もう一度選択すると、元の枠に戻ります。

15

ワードで挿入した画像の上に 文字を入れる

1 P12～P14の手順に従って、P23の「4_18a」の画像を挿入しました。

※この解説では、解説画面は基本的に**ウィンドウズ7＋ワード2010**の例を使って説明し、補足的に**ウィンドウズXP＋ワード2003**の例を紹介しています。

2 リボンから「挿入」タブをクリックし、「テキスト」グループから「テキストボックス」を選択するとメニューが現れます。「横書きテキストボックスの描画」をクリックします。
※縦書きの場合は「縦書きテキストボックスの描画」を選択してください。

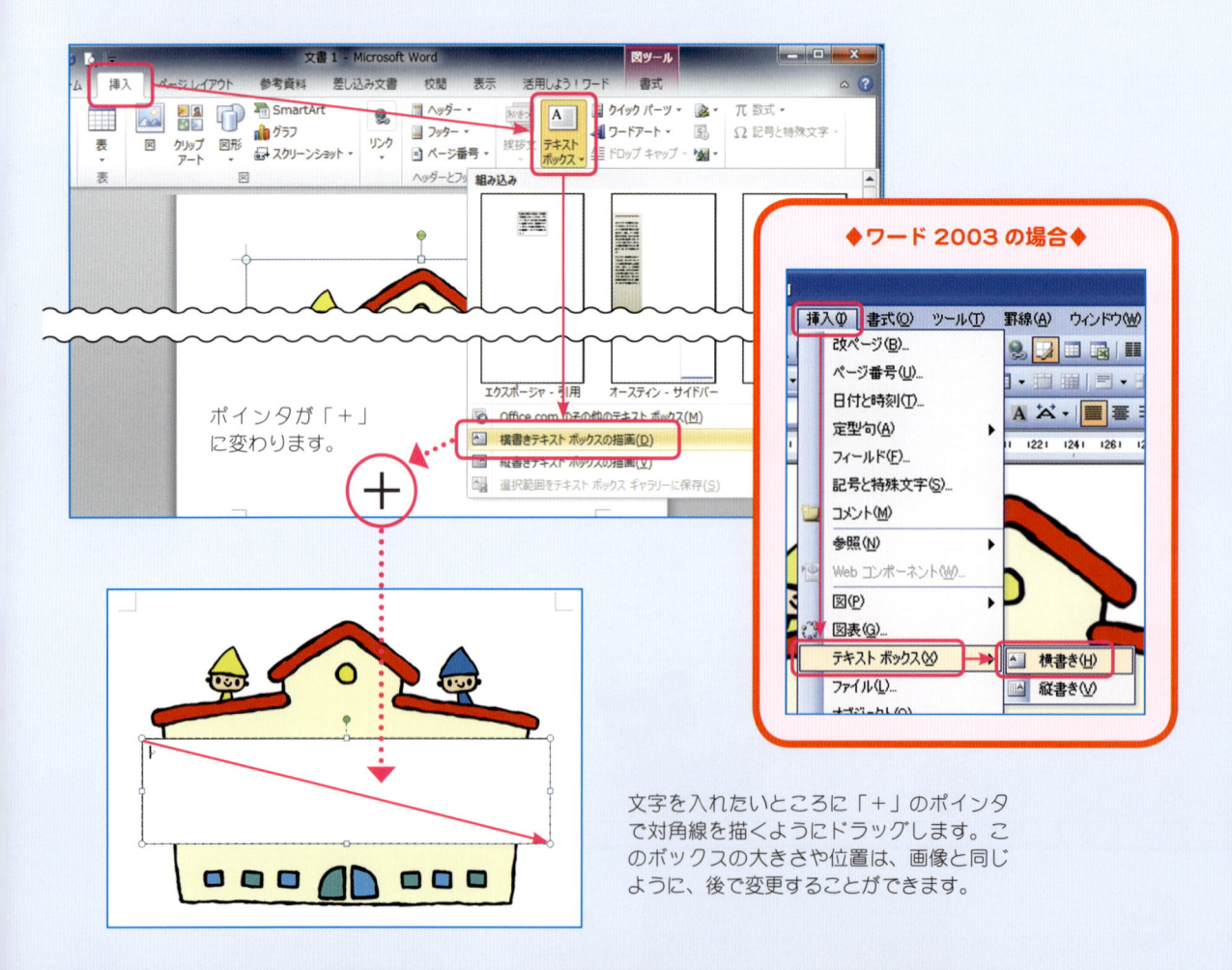

ポインタが「＋」に変わります。

◆ワード2003の場合◆

文字を入れたいところに「＋」のポインタで対角線を描くようにドラッグします。このボックスの大きさや位置は、画像と同じように、後で変更することができます。

3 文字を入力します。テキストボックスは周りが黒い線で囲まれ、窓の中は白く塗りつぶされています。

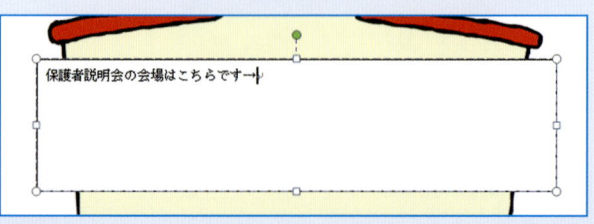

保護者説明会の会場はこちらです→

④ テキストボックスが透明になるように設定します。

テキストボックスの中を一度クリックし、カーソルを点滅させたまま、リボンの「書式」タブをクリックします。

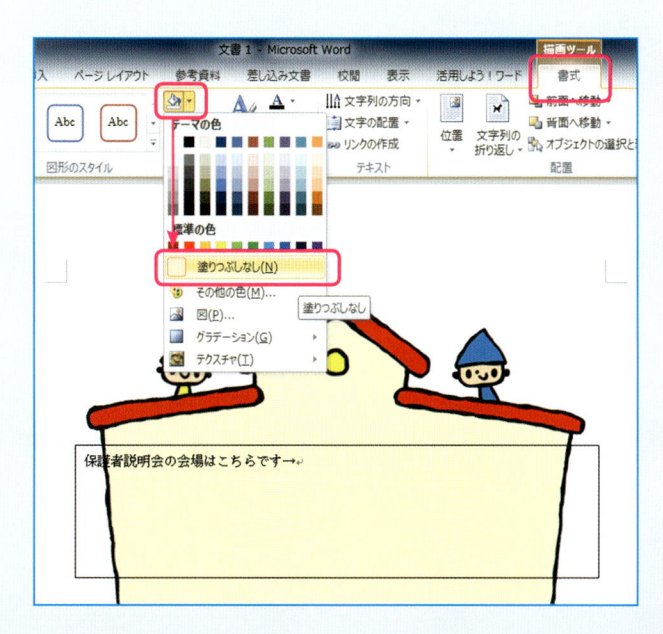

白窓をなくす

バケツをこぼしたようなアイコンの「図形の塗りつぶし」をクリックし、「塗りつぶしなし」を選択すると、白窓が透明になります。

枠線をなくす

同様に、線を引いているアイコンの「図形の枠線」をクリックし、「線なし」を選択すると、枠線が消えます。

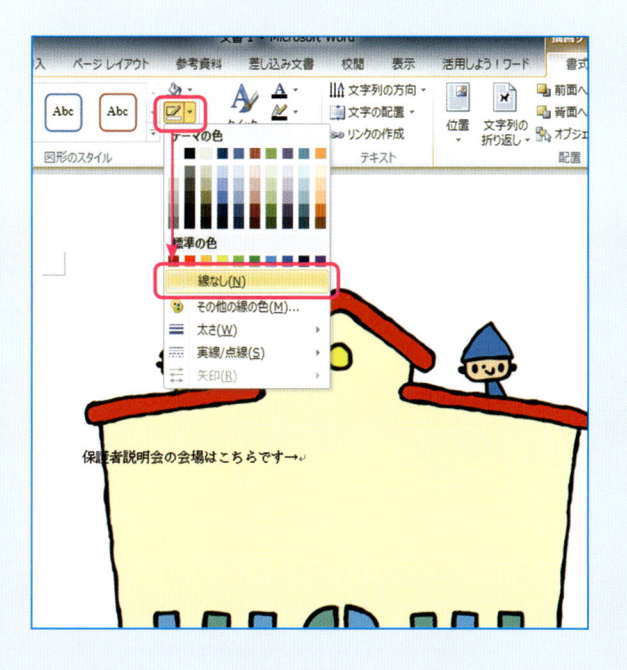

◆ワード2003の場合◆

テキストボックスの枠の上でダブルクリックし、「テキストボックスの書式設定」ウィンドウを開きます。「色と線」タブをクリックし、白窓の色を「塗りつぶしなし」、線の色を「線なし」に設定します。

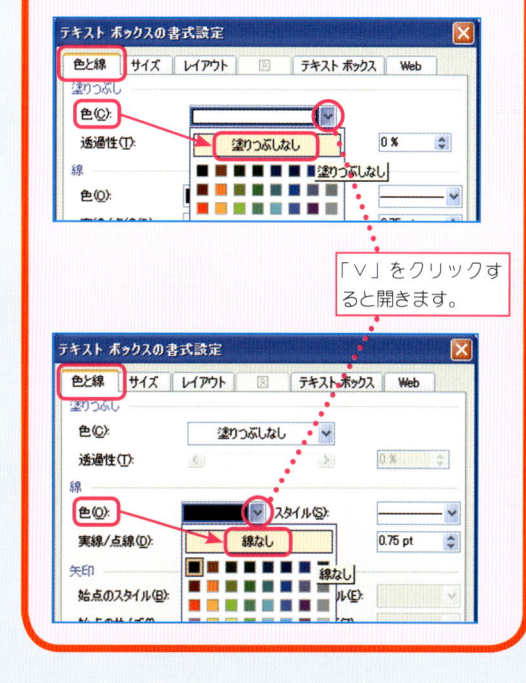

「∨」をクリックすると開きます。

透明になりました。周りの点線は、選択中であることを示しています。他の部分を選択すると消えます。
先に透明にしておくことで、文字の変更のときにイメージがつかみやすくなります。

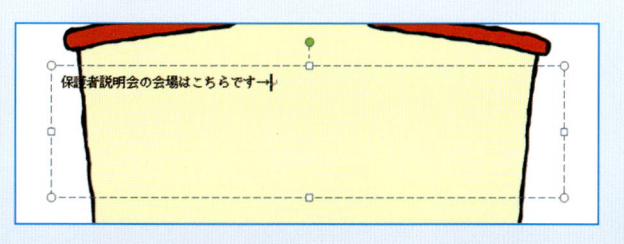

17

❺ 変更したい文字をドラッグし、サイズ・書体・色を変更します。

文字の変更 リボンの「ホーム」タブをクリックします。

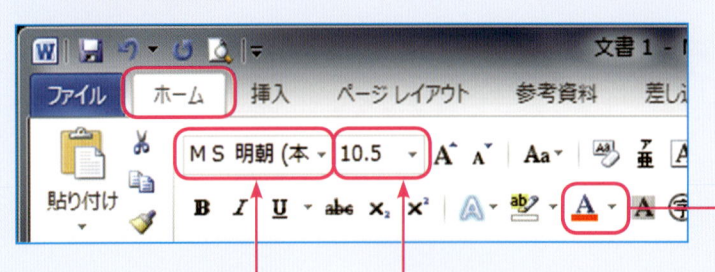

書体を変更します。右端の▼をクリックすると書体の種類が現れます。

文字の大きさを変更します。右端の▼をクリックするとサイズの種類が現れます。

色を変更します。「A」の右の▼をクリックすると、このようなカラーパレットが現れます。

◆ワード 2003 の場合◆
「書式設定」ツールバーで文字を変更します。
※ツールバーが見つからない場合は、メニューバーから「表示」→「ツールバー」→「図」の順に選択すると表示されます。

※変更が終わったら、好みの地色に変更し、テキストボックスの位置を調整しましょう。

ちょっと凝った文字を自動で作る

立体文字のアイコンをクリックします。メニューが現れたら、好きなものを選択しましょう。

ここでは、強調したい「保護者説明会」と「→」の部分だけをドラッグして選択し、文字サイズを少し大きくして、この加工を加えました。

さらにここで、いろいろなカスタマイズができます。

◆ワード 2003 の場合◆
「オートシェイプ」バーから「ワードアート」のアイコンをクリックして、「ワードアートギャラリー」ウィンドウを開き、好みの加工を選びます。

画像の上に文字が入りました。

知っておくと便利

文字の上でクリックすると、テキストボックスが選択されます。テキストボックスの枠をドラッグすると文字だけを動かすことができます。
また、後から文字をたくさん入れる場合など、テキストボックスを選択し、角をドラッグすれば、拡大・縮小します。

PNGデータの背景が透明にならないときは…

ワード2002など、一部のウィンドウズ環境で、PNGデータを挿入しただけでは背景が透明にならない場合があります。その場合の解決方法をご紹介します。

※お使いのソフトがPNGに対応しているかどうかは、各ソフトに付属のマニュアル等を参照してください。ここで解説している方法は、PNGデータの背景が透過しない全てのソフトの問題を解決するものではありません。

ワード2002でPNGデータをつかってみよう

※解説画面は**ウィンドウズXP**です。

ここでは、P52の「tan_04b」の画像を挿入します。

データ名：この解説ではハガキサイズを選びました。

A4サイズ…tan_04a
ハガキサイズ…tan_04b

データのある場所です。この順に開いていきます。

① CD-ROMを挿入します。ワードを立ち上げ、文書を用意します。
※ここではわかりやすくするため、文書の背景色を「書式」→「背景」の順に塗りつぶしの色の選択をして、ラベンダー色にしています。

② P12～P14の手順に従って、P52の「tan_04b」の画像を挿入しました。挿入された画像は四角形で、本来透明になるはずの部分が、黒い背景として表示されています。
※黒でなく、白い背景の場合もあります。

※このままだと、画像や図形などの上に重ねた場合、このように黒い背景が残ってしまいます。

③ 画像を選択して、「図」のツールバーから「透明な色に設定」ツールを選択します。

※ツールバーが見つからない場合は、メニューバーから「表示」→「ツールバー」→「図」の順に選択すると表示されます。

ポインタがこのように変わったら、黒い背景をクリックします。

④ 背景が透明になりました。

周りの枠は選択中であることを示しています。他の部分を選択すると消えます。

19

使用許諾範囲について

　このたびは弊社発行の『わくわく　保育のフレーム・飾り罫 CD-ROM』をお買い求め頂き、誠にありがとうございます。本書付属の CD-ROM に収録されているデータは、下記の使用許諾の範囲内であれば、ご自由にお使い頂けます。配布物・掲示物・その他の制作に、幅広くご活用ください。

使用許諾事項

- 本書をお買い上げいただいた方に限り、下記の禁止事項を除き、個人法人を問わず、自由に何度でもお使いいただけます。
- イラストの著作権はすべて「どんぐり。」に帰属します。

禁止事項

- データの複製、配布、譲渡、転売。
- ネットを介した複数の利用者間でのシェア利用。
- 収録イラストを利用した印刷物の受注販売、商品への流用。
- 収録イラストをそのまま、もしくは加工して商標登録・意匠登録したり、企業や団体のロゴやキャラクターとして利用すること。

ご注意

- 収録データはお客様の責任においてご利用ください。収録データを使用した結果、損害や不利益が発生しても「どんぐり。」及び「(株) マール社」はいっさい責任を負いません。
- データは十分注意を払って製作しておりますが、欠陥がないことを保証するものではありません。
- お客様が CD-ROM を開封した場合は本使用許諾の注意書きを承諾したものと判断します。

ソフトの解説について

　本書では CD-ROM の使い方を説明するにあたり、ソフトの解説を掲載していますが、ソフトの解説を目的とした本ではありません。ソフトについての個別のご質問にはお答えしかねますのでご了承ください。

フレーム・飾り罫

カラー

4月
データの場所

CD-ROM

01_4月

4月 JPG　4月 PNG

4月のイメージ／入園／登園／交通安全／イースター

★白黒は P64〜P67

4月の行事予定

文字あり…4_01a
文字なし…4_01b
文字のみ…4_01c

4月の園だより

文字あり…4_02a
文字なし…4_02b
文字のみ…4_02c

A4サイズ…4_03a
ハガキサイズ…4_03b

上下セット…4_04a
上のみ…4_04b
下のみ…4_04c

4_05

4_06

4_07

4_08

4_09

4_10

4_11

22

★白黒はP64〜P67

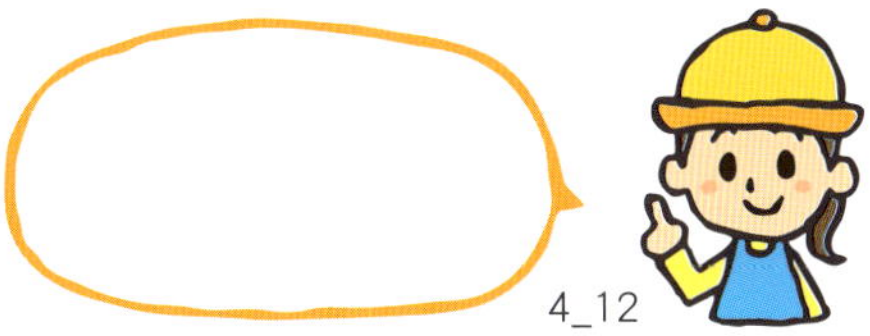

にゅうえんしき

4_12

文字あり…4_13a
文字なし…4_13b
文字のみ…4_13c

4_14

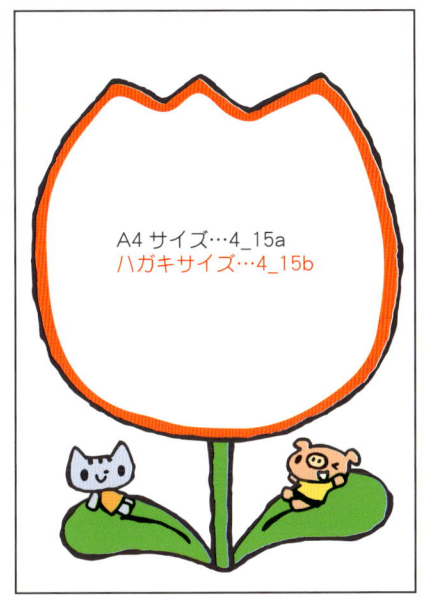

A4サイズ…4_15a
ハガキサイズ…4_15b

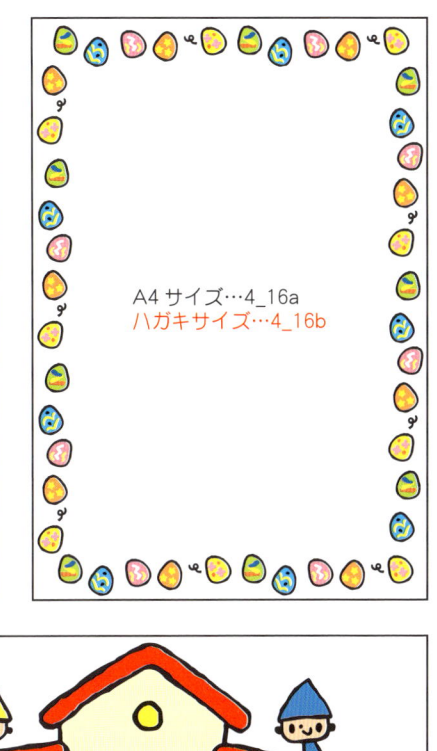

A4サイズ…4_16a
ハガキサイズ…4_16b

A4サイズ…4_17a
ハガキサイズ…4_17b

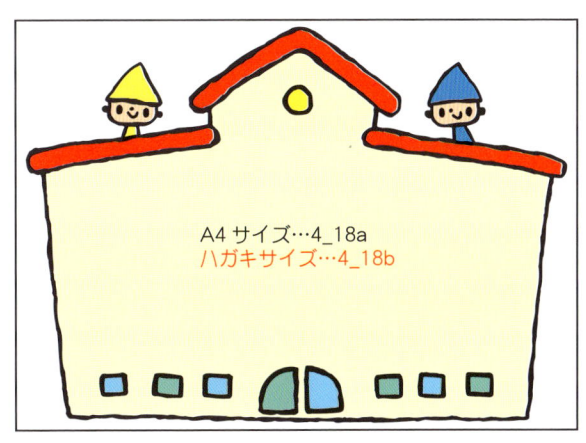

A4サイズ…4_18a
ハガキサイズ…4_18b

A4サイズ
【文字あり】…4_19a
【文字なし】…4_19b
ハガキサイズ
【文字あり】…4_19c
【文字なし】…4_19d
文字のみ…4_19e

A4サイズ…4_20a
ハガキサイズ…4_20b

5月

5月のイメージ／春の遠足／こどもの日／母の日

★白黒は P68〜P71

データの場所
CD-ROM
→ 02_5月
→ 5月 JPG / 5月 PNG

5月の行事予定

文字あり…5_01a
文字なし…5_01b
文字のみ…5_01c

5月の園だより

文字あり…5_02a
文字なし…5_02b
文字のみ…5_02c

A4サイズ…5_03a
ハガキサイズ…5_03b

上下セット…5_04a
上のみ…5_04b
下のみ…5_04c

5_05

5_06
5_07
5_08
5_09
5_10
5_11

24

★白黒はP68〜P71

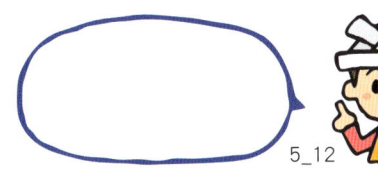

5_12

母の日

文字あり…5_13a
文字なし…5_13b
文字のみ…5_13c

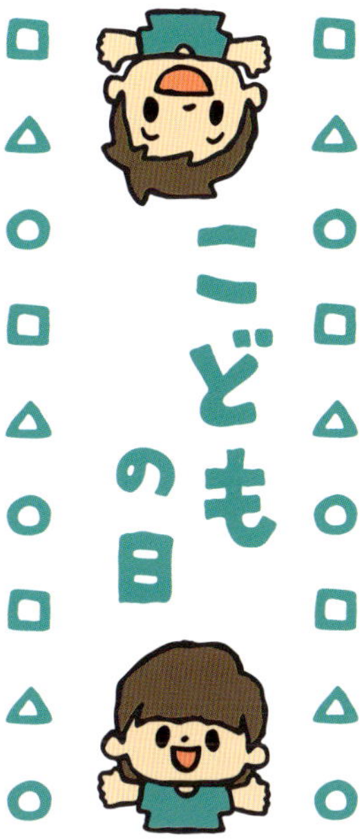

こどもの日

文字あり…5_14a
文字なし…5_14b
文字のみ…5_14c

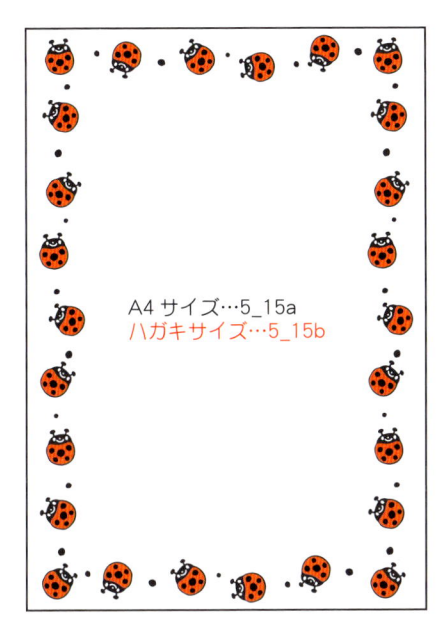

A4サイズ…5_15a
ハガキサイズ…5_15b

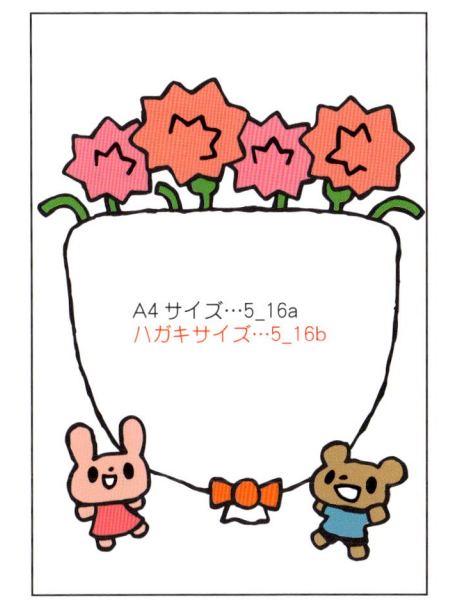

A4サイズ…5_16a
ハガキサイズ…5_16b

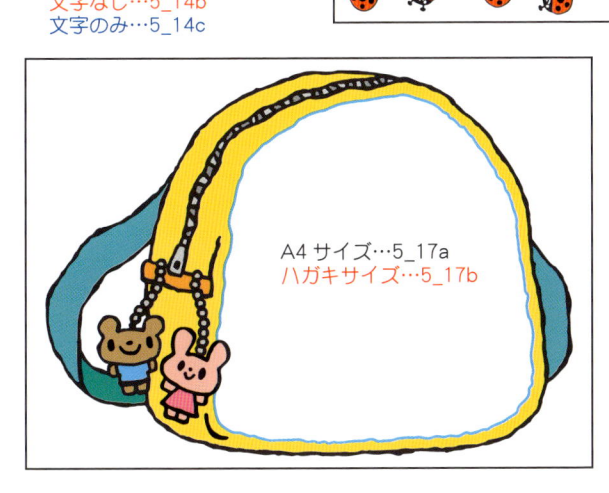

A4サイズ…5_17a
ハガキサイズ…5_17b

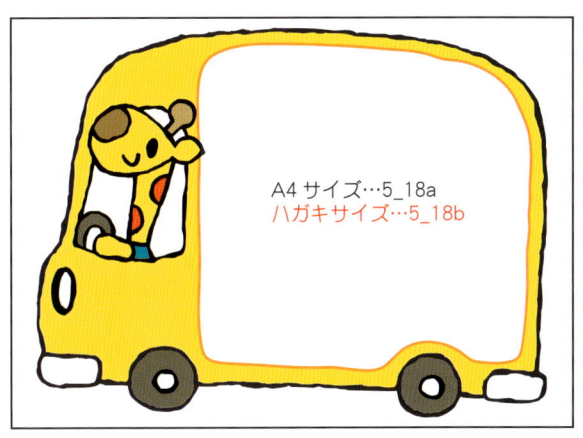

A4サイズ…5_18a
ハガキサイズ…5_18b

A4サイズ…5_19a
ハガキサイズ…5_19b

おかあさん
ありがとう

A4サイズ【文字あり】…5_20a
　　　　　【文字なし】…5_20b
ハガキサイズ【文字あり】…5_20c
　　　　　　【文字なし】…5_20d
文字のみ…5_20e

25

6月

データの場所

CD-ROM
↓
03_6月
↙ ↘
6月JPG　6月PNG

6月のイメージ／梅雨／父の日／身体測定／虫歯予防

★白黒はP72〜P75

6月の行事予定
文字あり…6_01a
文字なし…6_01b
文字のみ…6_01c

6月の園だより
文字あり…6_02a
文字なし…6_02b
文字のみ…6_02c

A4 サイズ…6_03a
ハガキサイズ…6_03b

上下セット…6_04a
上のみ…6_04b
下のみ…6_04c

6_05

6_06

6_07

6_08

6_09

6_10

6_11

26

★白黒は P72〜P75

6_12

父の日

文字あり…6_13a
文字なし…6_13b
文字のみ…6_13c

しんたいそくてい

A4 サイズ…6_15a
ハガキサイズ…6_15b

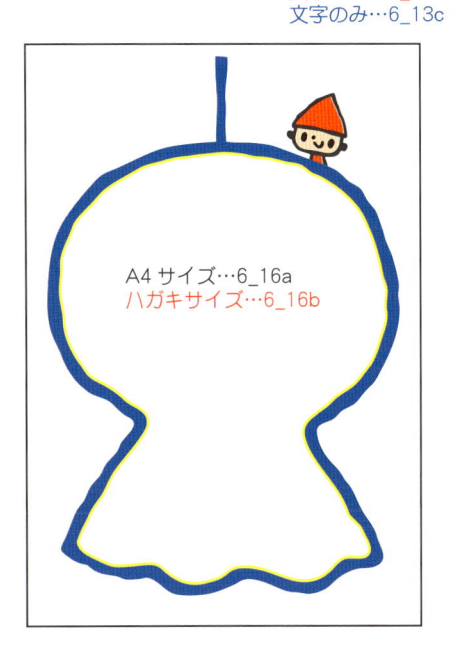

A4 サイズ…6_16a
ハガキサイズ…6_16b

文字あり…6_14a
文字なし…6_14b
文字のみ…6_14c

A4 サイズ…6_17a
ハガキサイズ…6_17b

A4 サイズ…6_18a
ハガキサイズ…6_18b

A4 サイズ…6_19a
ハガキサイズ…6_19b

おとうさん ありがとう

A4 サイズ
【文字あり】…6_20a
【文字なし】…6_20b
ハガキサイズ
【文字あり】…6_20c
【文字なし】…6_20d
文字のみ…6_20e

7月
データの場所
CD-ROM
04_7月
7月 JPG
7月 PNG

7月のイメージ／七夕／夕涼み会／プール開き／潮干狩り

★白黒はP76〜P79

7月の行事予定

文字あり…7_01a
文字なし…7_01b
文字のみ…7_01c

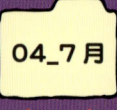

7月の園だより

文字あり…7_02a
文字なし…7_02b
文字のみ…7_02c

A4サイズ…7_03a
ハガキサイズ…7_03b

上下セット…7_04a
上のみ…7_04b
下のみ…7_04c

7_05

7_06
7_07
7_08
7_09
7_10
7_11

28

★白黒は P76〜P79

夕涼み会

7_12

文字あり…7_13a
文字なし…7_13b
文字のみ…7_13c

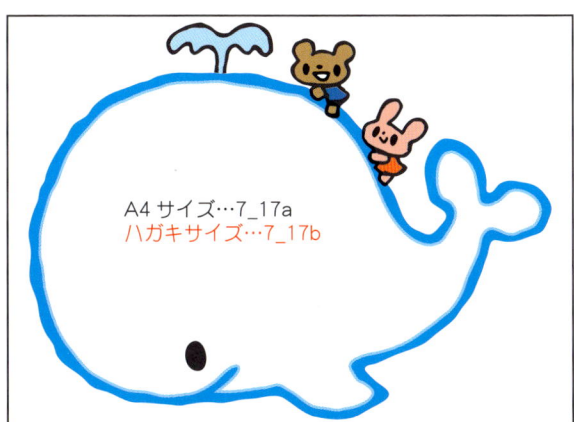

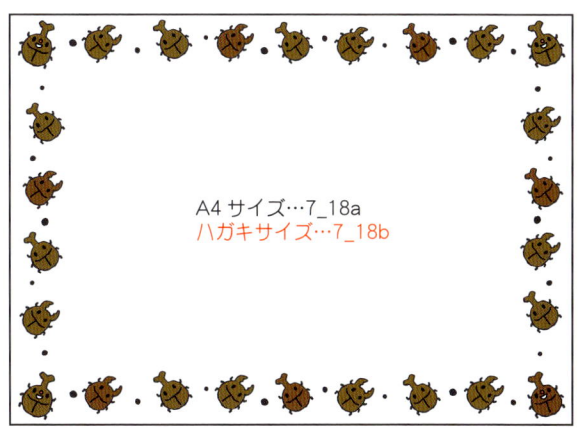

七夕 たなばた

文字あり…7_14a
文字なし…7_14b
文字のみ…7_14c

A4 サイズ…7_15a
ハガキサイズ…7_15b

A4 サイズ…7_16a
ハガキサイズ…7_16b

A4 サイズ…7_17a
ハガキサイズ…7_17b

A4 サイズ…7_18a
ハガキサイズ…7_18b

A4 サイズ…7_19a
ハガキサイズ…7_19b

プールびらき

A4 サイズ【文字あり】…7_20a
　　　　　【文字なし】…7_20b
ハガキサイズ【文字あり】…7_20c
　　　　　　【文字なし】…7_20d
文字のみ…7_20e

29

8月

データの場所

CD-ROM
↓
05_8月
↓   ↓
8月JPG 8月PNG

8月のイメージ／夏休み／お泊まり保育／花火大会／夏祭り／海

★白黒はP80〜P83

8月の行事予定

文字あり…8_01a
文字なし…8_01b
文字のみ…8_01c

8月の園だより

文字あり…8_02a
文字なし…8_02b
文字のみ…8_02c

A4サイズ…8_03a
ハガキサイズ…8_03b

上下セット…8_04a
上のみ…8_04b
下のみ…8_04c

8_05

8_06

8_07

8_08

8_09

8_10

8_11

30

★白黒はP80〜P83

なつやすみ

文字あり…8_13a
文字なし…8_13b
文字のみ…8_13c

8_12

8_14

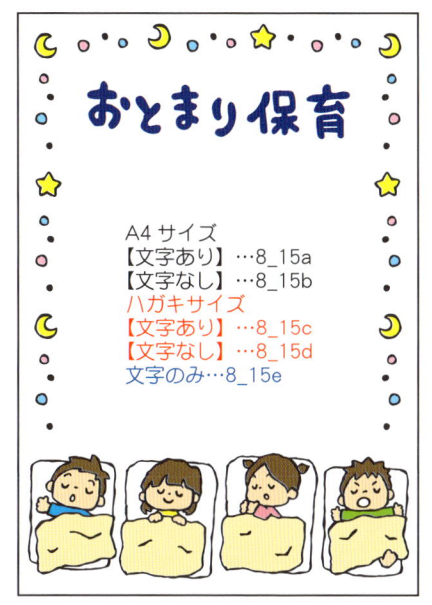

おとまり保育

A4サイズ
【文字あり】…8_15a
【文字なし】…8_15b
ハガキサイズ
【文字あり】…8_15c
【文字なし】…8_15d
文字のみ…8_15e

A4サイズ…8_16a
ハガキサイズ…8_16b

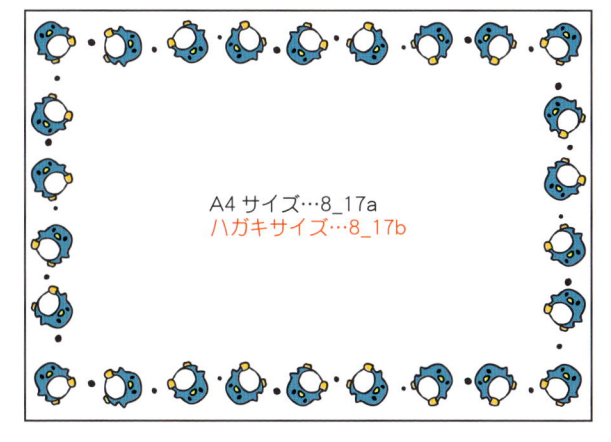

A4サイズ…8_17a
ハガキサイズ…8_17b

残暑おみまい
申しあげます

A4サイズ【文字あり】…8_18a
　　　　【文字なし】…8_18b
ハガキサイズ【文字あり】…8_18c
　　　　　　【文字なし】…8_18d
文字のみ…8_18e

暑中おみまい
申しあげます

A4サイズ
【文字あり】…8_19a
【文字なし】…8_19b
ハガキサイズ
【文字あり】…8_19c
【文字なし】…8_19d
文字のみ…8_19e

A4サイズ…8_20a
ハガキサイズ…8_20b

31

9月

データの場所
CD-ROM
↓
06_9月
↓
9月 JPG / 9月 PNG

9月のイメージ／お月見／防災の日／敬老の日／秋の遠足

★白黒は P84〜P87

9月の行事予定
文字あり…9_01a
文字なし…9_01b
文字のみ…9_01c

9月の園だより
文字あり…9_02a
文字なし…9_02b
文字のみ…9_02c

A4サイズ…9_03a
ハガキサイズ…9_03b

上下セット…9_04a
上のみ…9_04b
下のみ…9_04c

9_05

9_06
9_07
9_08
9_09
9_10
9_11

32

★白黒はP84～P87

9_12

けいろうの日

文字あり…9_13a
文字なし…9_13b
文字のみ…9_13c

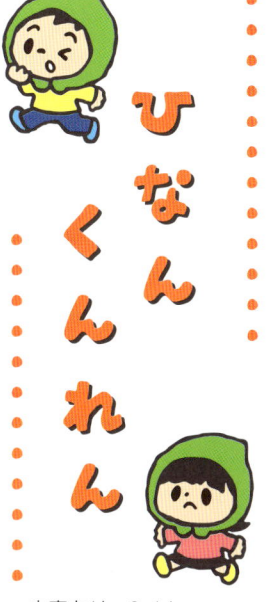

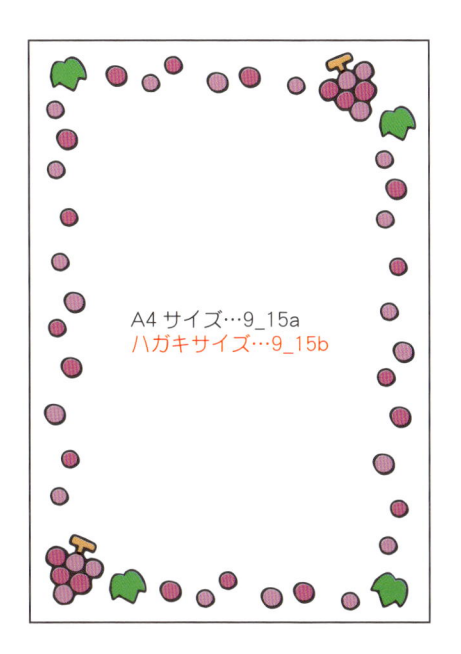

ひなんくんれん

文字あり…9_14a
文字なし…9_14b
文字のみ…9_14c

A4サイズ…9_15a
ハガキサイズ…9_15b

A4サイズ…9_16a
ハガキサイズ…9_16b

A4サイズ…9_17a
ハガキサイズ…9_17b

A4サイズ…9_18a
ハガキサイズ…9_18b

A4サイズ…9_19a
ハガキサイズ…9_19b

A4サイズ…9_20a
ハガキサイズ…9_20b

33

10月 データの場所 CD-ROM 07_10月 10月JPG 10月PNG

10月のイメージ／運動会／ハロウィン

★白黒は P88〜P91

10月の行事予定

文字あり…10_01a
文字なし…10_01b
文字のみ…10_01c

10月の園だより

文字あり…10_02a
文字なし…10_02b
文字のみ…10_02c

A4 サイズ…10_03a
ハガキサイズ…10_03b

上下セット…10_04a
上のみ…10_04b
下のみ…10_04c

10_05

10_06

10_07

10_08

10_09

10_10

10_11

★白黒は P88～P91

うんどうかい

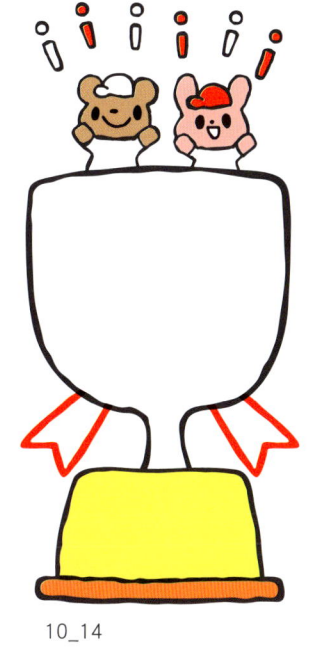

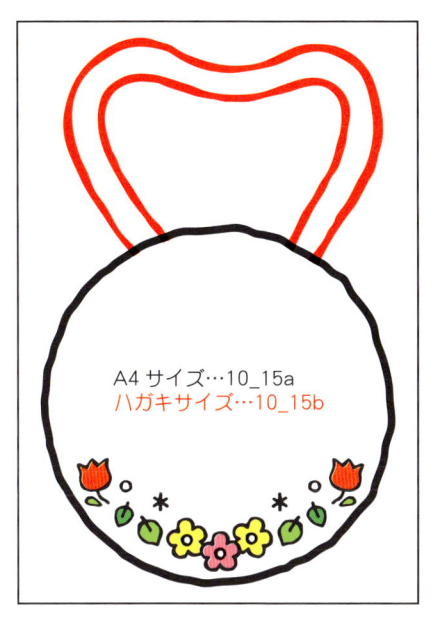

10_12

文字あり…10_13a
文字なし…10_13b
文字のみ…10_13c

10_14

A4 サイズ…10_15a
ハガキサイズ…10_15b

A4 サイズ…10_16a
ハガキサイズ…10_16b

A4 サイズ…10_17a
ハガキサイズ…10_17b

A4 サイズ…10_18a
ハガキサイズ…10_18b

A4 サイズ…10_19a
ハガキサイズ…10_19b

A4 サイズ…10_20a
ハガキサイズ…10_20b

35

11月

データの場所

CD-ROM
↓
08_11月
↓ ↓
11月JPG 11月PNG

11月のイメージ／バザー／いもほり／作品展／読書週間

★白黒は P92～P95

11月の行事予定
文字あり…11_01a
文字なし…11_01b
文字のみ…11_01c

11月の園だより
文字あり…11_02a
文字なし…11_02b
文字のみ…11_02c

A4サイズ…11_03a
ハガキサイズ…11_03b

上下セット…11_04a
上のみ…11_04b
下のみ…11_04c

11_05

11_06
11_07
11_08
11_09
11_10
11_11

36

★白黒はP92〜P95

いもほり

11_12

バザー

文字あり…11_13a
文字なし…11_13b
文字のみ…11_13c

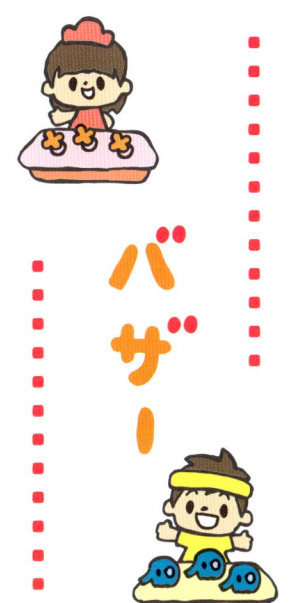

文字あり…11_14a
文字なし…11_14b
文字のみ…11_14c

A4サイズ…11_15a
ハガキサイズ…11_15b

A4サイズ…11_16a
ハガキサイズ…11_16b

A4サイズ…11_17a
ハガキサイズ…11_17b

A4サイズ…11_18a
ハガキサイズ…11_18b

A4サイズ…11_19a
ハガキサイズ…11_19b

A4サイズ…11_20a
ハガキサイズ…11_20b

37

12月
データの場所
CD-ROM
↓
09_12月
↓ ↓
12月 JPG / 12月 PNG

12月のイメージ／クリスマス／大掃除／雪　　★白黒は P96〜P99

12月の行事予定
文字あり…12_01a
文字なし…12_01b
文字のみ…12_01c

12月の園だより
文字あり…12_02a
文字なし…12_02b
文字のみ…12_02c

A4 サイズ…12_03a
ハガキサイズ…12_03b

上下セット…12_04a
上のみ…12_04b
下のみ…12_04c

12_05

12_06
12_07
12_08
12_09
12_10
12_11

★白黒は P96〜P99

クリスマス会

12_12

文字あり…12_13a
文字なし…12_13b
文字のみ…12_13c

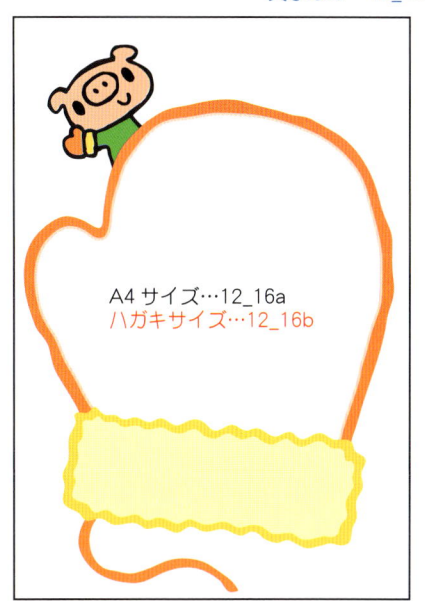

おおそうじ

文字あり…12_14a
文字なし…12_14b
文字のみ…12_14c

A4サイズ…12_15a
ハガキサイズ…12_15b

A4サイズ…12_16a
ハガキサイズ…12_16b

A4サイズ…12_17a
ハガキサイズ…12_17b

MERRY CHRISTMAS

A4サイズ
【文字あり】…12_18a
【文字なし】…12_18b
ハガキサイズ
【文字あり】…12_18c
【文字なし】…12_18d
文字のみ…12_18e

A4サイズ…12_19a
ハガキサイズ…12_19b

メリークリスマス

A4サイズ【文字あり】…12_20a
　　　　　【文字なし】…12_20b
ハガキサイズ【文字あり】…12_20c
　　　　　　【文字なし】…12_20d
文字のみ…12_20e

39

1月

データの場所
CD-ROM
↓
10_1月
↓ ↓
1月 JPG | 1月 PNG

1月のイメージ／お正月／年賀状／かるた大会／もちつき

★白黒は P100〜P103

1月の行事予定
文字あり…1_01a
文字なし…1_01b
文字のみ…1_01c

1月の園だより
文字あり…1_02a
文字なし…1_02b
文字のみ…1_02c

A4サイズ…1_03a
ハガキサイズ…1_03b

上下セット…1_04a
上のみ…1_04b
下のみ…1_04c

1_05

1_06
1_07
1_08
1_09
1_10
1_11

40

★白黒はP100〜P103

1_12

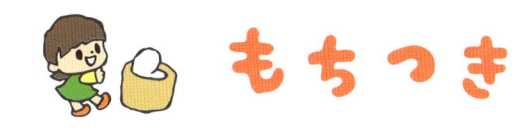

もちつき

文字あり…1_13a
文字なし…1_13b
文字のみ…1_13c

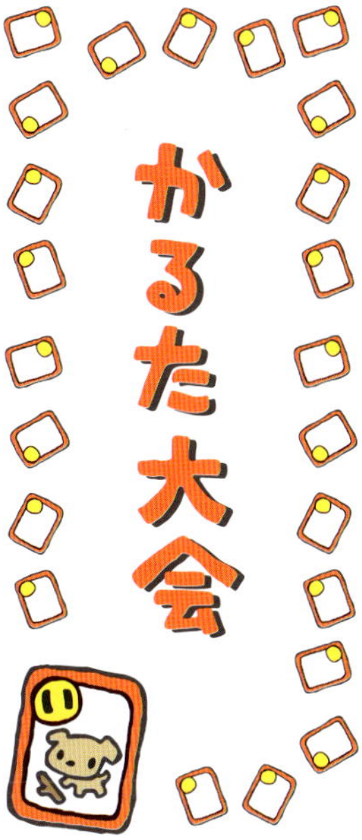

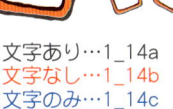

かるた大会

文字あり…1_14a
文字なし…1_14b
文字のみ…1_14c

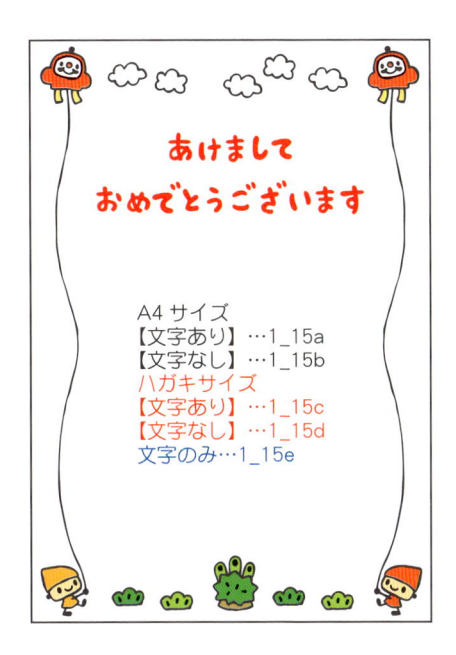

あけまして おめでとうございます

A4サイズ
【文字あり】…1_15a
【文字なし】…1_15b
ハガキサイズ
【文字あり】…1_15c
【文字なし】…1_15d
文字のみ…1_15e

A4サイズ…1_16a
ハガキサイズ…1_16b

A4サイズ…1_17a
ハガキサイズ…1_17b

はつゆめ

A4サイズ【文字あり】…1_18a
　　　　【文字なし】…1_18b
ハガキサイズ【文字あり】…1_18c
　　　　　　【文字なし】…1_18d
文字のみ…1_18e

A HAPPY NEW YEAR

A4サイズ【文字あり】…1_19a
　　　　【文字なし】…1_19b
ハガキサイズ【文字あり】…1_19c
　　　　　　【文字なし】…1_19d
文字のみ…1_19e

A4サイズ…1_20a
ハガキサイズ…1_20b

2月
データの場所

CD-ROM

↓

11_2月

↙ ↘

| 2月 JPG | 2月 PNG |

2月のイメージ／節分／発表会／インフルエンザ／バレンタイン

★白黒は P104～P107

2月の行事予定

文字あり…2_01a
文字なし…2_01b
文字のみ…2_01c

2月の園だより

文字あり…2_02a
文字なし…2_02b
文字のみ…2_02c

A4 サイズ…2_03a
ハガキサイズ…2_03b

上下セット…2_04a
上のみ…2_04b
下のみ…2_04c

2_05

2_06

2_07

2_08

2_09

2_10

2_11

42

★白黒は P104〜P107

おゆうぎかい

2_12

文字あり…2_13a
文字なし…2_13b
文字のみ…2_13c

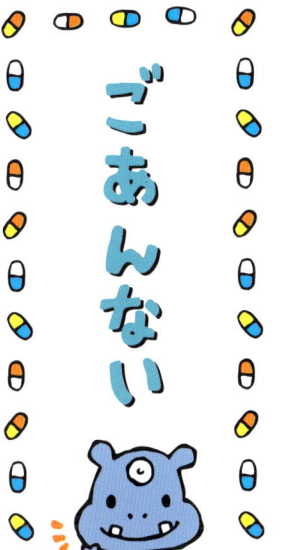

ごあんない

文字あり…2_14a
文字なし…2_14b
文字のみ…2_14c

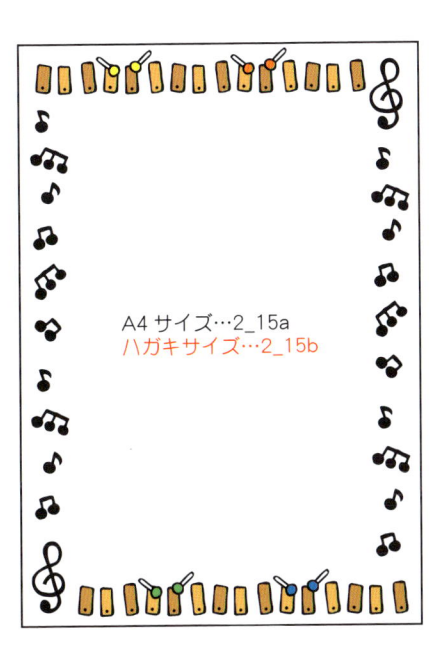

A4 サイズ…2_15a
ハガキサイズ…2_15b

A4 サイズ…2_16a
ハガキサイズ…2_16b

A4 サイズ…2_17a
ハガキサイズ…2_17b

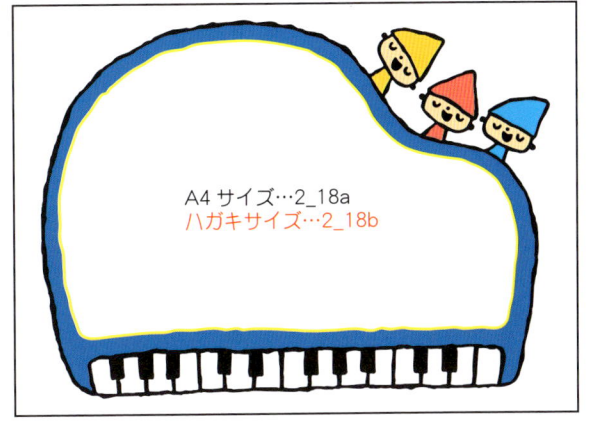

A4 サイズ…2_18a
ハガキサイズ…2_18b

A4 サイズ…2_19a
ハガキサイズ…2_19b

A4 サイズ…2_20a
ハガキサイズ…2_20b

43

3月

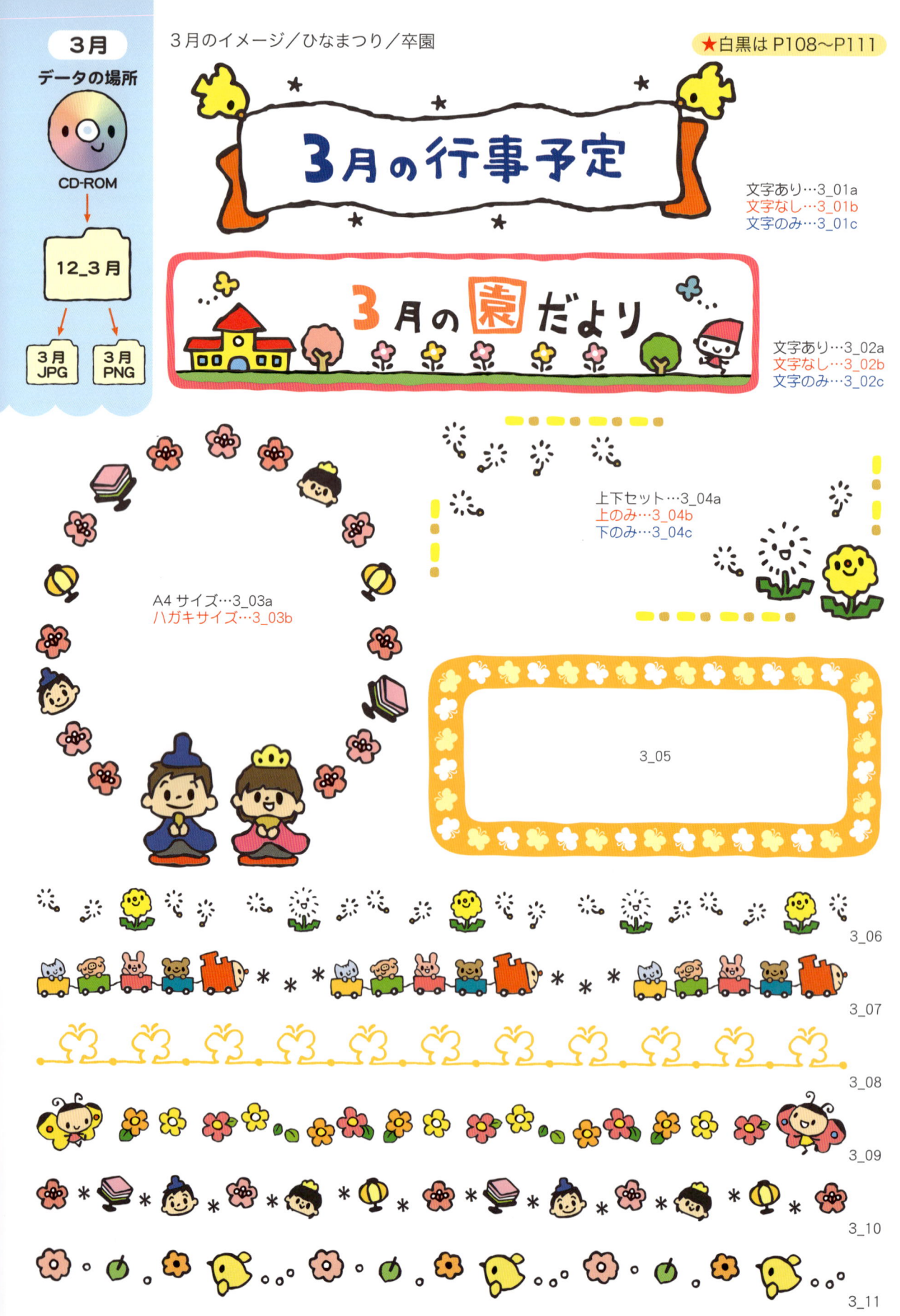

データの場所

CD-ROM
↓
12_3月
↓   ↓
3月   3月
JPG   PNG

3月のイメージ／ひなまつり／卒園

★白黒は P108〜P111

3月の行事予定

文字あり…3_01a
文字なし…3_01b
文字のみ…3_01c

3月の園だより

文字あり…3_02a
文字なし…3_02b
文字のみ…3_02c

A4サイズ…3_03a
ハガキサイズ…3_03b

上下セット…3_04a
上のみ…3_04b
下のみ…3_04c

3_05

3_06

3_07

3_08

3_09

3_10

3_11

★白黒はP108～P111

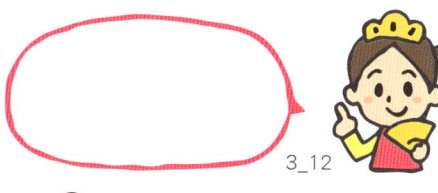

3_12

そつえんしき

文字あり…3_13a
文字なし…3_13b
文字のみ…3_13c

ひなまつり

A4サイズ…3_15a
ハガキサイズ…3_15b

A4サイズ…3_16a
ハガキサイズ…3_16b

文字あり…3_14a
文字なし…3_14b
文字のみ…3_14c

おしらせ

A4サイズ【文字あり】…3_17a
　　　【文字なし】…3_17b
ハガキサイズ【文字あり】…3_17c
　　　　【文字なし】…3_17d
文字のみ…3_17e

A4サイズ…3_18a
ハガキサイズ…3_18b

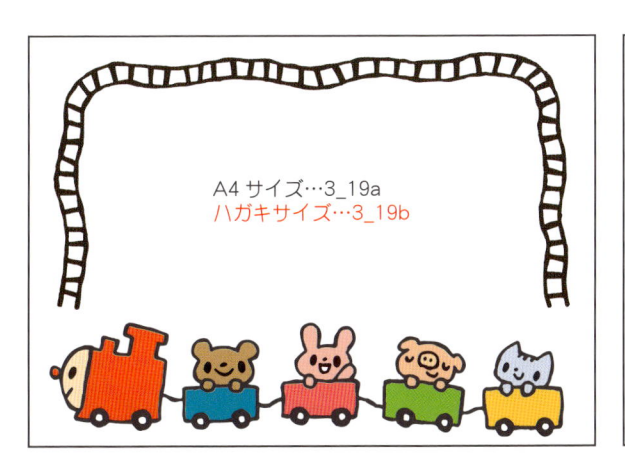

A4サイズ…3_19a
ハガキサイズ…3_19b

A4サイズ…3_20a
ハガキサイズ…3_20b

45

フリー
データの場所
CD-ROM
13 フリー
フリーJPG
フリーPNG

何にでも使えるシンプルなフレーム・飾り罫

★白黒は P112～P115

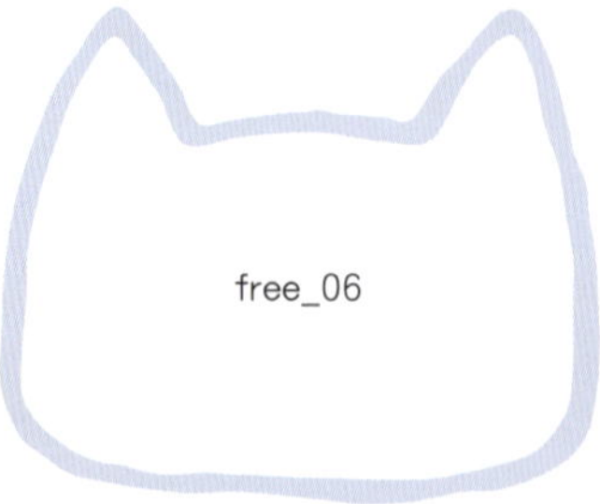

free_01

free_02

free_03

free_04

free_05

free_06

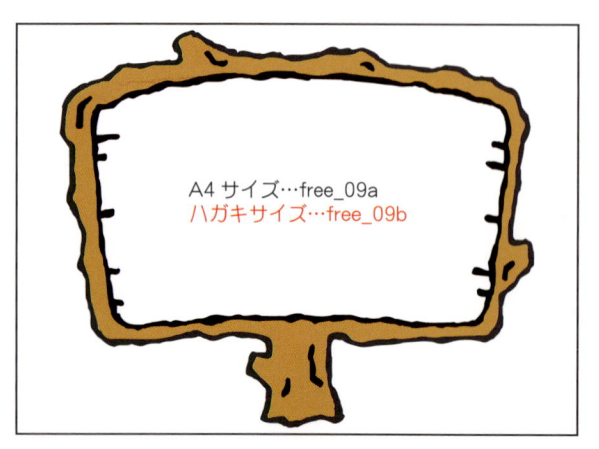

A4 サイズ…free_07a
ハガキサイズ…free_07b

A4 サイズ…free_08a
ハガキサイズ…free_08b

A4 サイズ…free_09a
ハガキサイズ…free_09b

A4 サイズ…free_10a
ハガキサイズ…free_10b

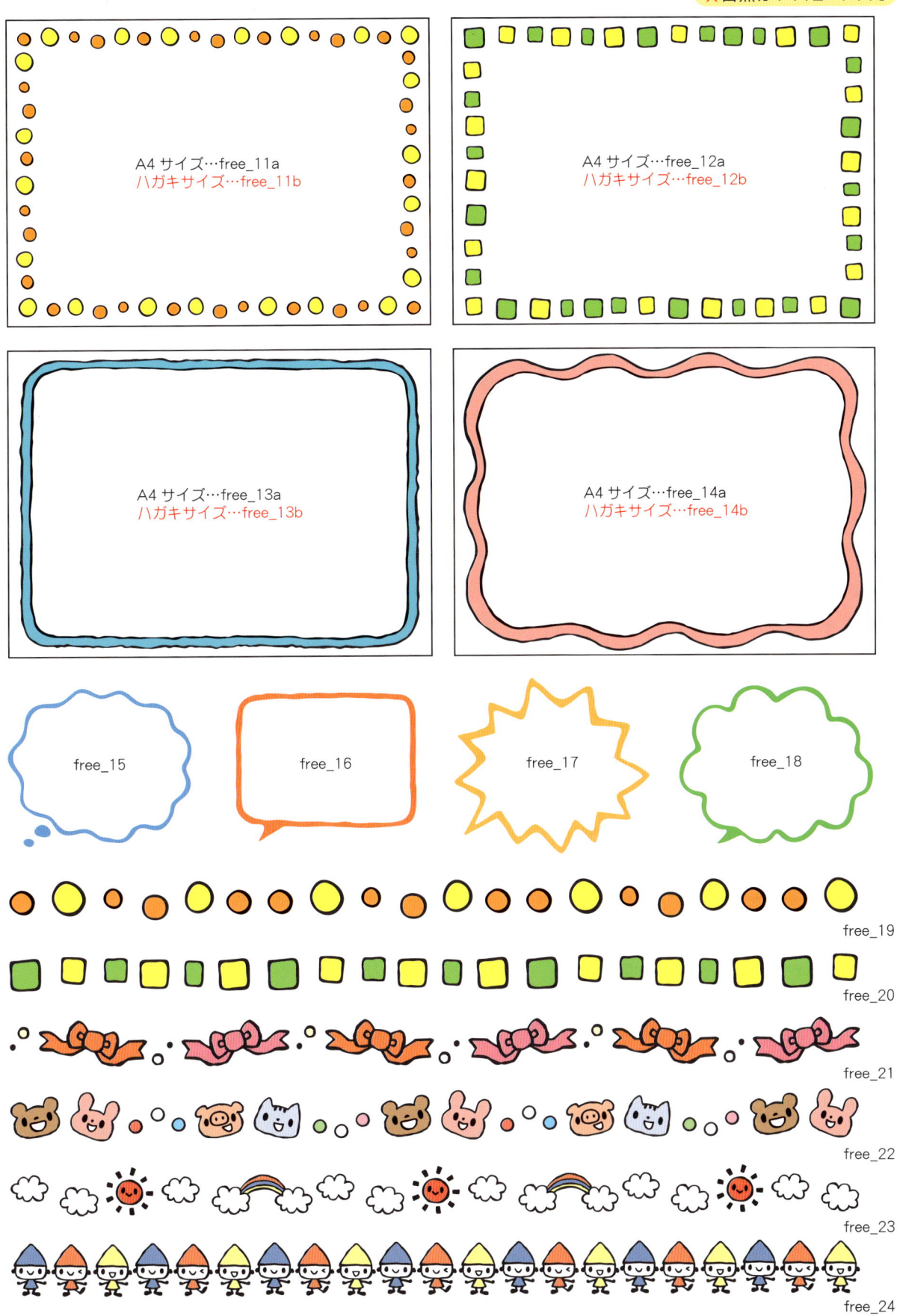

★白黒は P112〜P115

A4 サイズ…free_11a
ハガキサイズ…free_11b

A4 サイズ…free_12a
ハガキサイズ…free_12b

A4 サイズ…free_13a
ハガキサイズ…free_13b

A4 サイズ…free_14a
ハガキサイズ…free_14b

free_15

free_16

free_17

free_18

free_19

free_20

free_21

free_22

free_23

free_24

47

生活

データの場所
CD-ROM

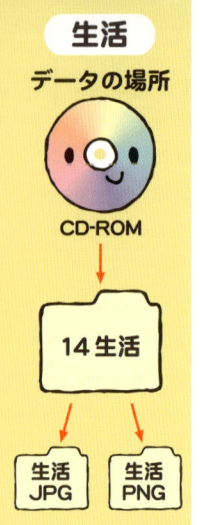

14 生活
生活JPG　生活PNG

登下校／衛生／お弁当／お昼寝／運動／お掃除

★白黒は P116〜P121

A4 サイズ…sei_01a
ハガキサイズ…sei_01b

てあらい・うがい
A4 サイズ【文字あり】…sei_02a【文字なし】…sei_02b
ハガキサイズ【文字あり】…sei_02c【文字なし】…sei_02d
文字のみ…sei_02e

今月のこんだて
A4 サイズ【文字あり】…sei_03a
　　　　　【文字なし】…sei_03b
ハガキサイズ【文字あり】…sei_03c
　　　　　　【文字なし】…sei_03d
文字のみ…sei_03e

A4 サイズ…sei_04a
ハガキサイズ…sei_04b

A4 サイズ…sei_05a
ハガキサイズ…sei_05b

A4 サイズ…sei_06a
ハガキサイズ…sei_06b

sei_07

sei_08

sei_09

sei_10

sei_11

sei_12

48

衣替え／持ち物／お当番／飼育／屋外遊び／屋内遊び

★白黒はP116〜P121

ころもがえ
A4サイズ
【文字あり】…sei_13a
【文字なし】…sei_13b
ハガキサイズ
【文字あり】…sei_13c
【文字なし】…sei_13d
文字のみ…sei_13e

もちもの
A4サイズ【文字あり】…sei_14a
【文字なし】…sei_14b
ハガキサイズ【文字あり】…sei_14c
【文字なし】…sei_14d
文字のみ…sei_14e

おとうばん
A4サイズ【文字あり】…sei_15a
【文字なし】…sei_15b
ハガキサイズ【文字あり】…sei_15c
【文字なし】…sei_15d
文字のみ…sei_15e

A4サイズ…sei_16a
ハガキサイズ…sei_16b

A4サイズ…sei_17a
ハガキサイズ…sei_17b

A4サイズ…sei_18a
ハガキサイズ…sei_18b

sei_19

sei_20

sei_21

sei_22

sei_23

sei_24

49

知育

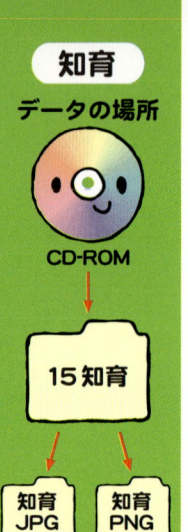

データの場所
CD-ROM
15知育
知育JPG
知育PNG

読み聞かせ／お絵描き／ペープサート／パネルシアター／英語／日本語　★白黒はP122〜P124

A4サイズ…chi_01a
ハガキサイズ…chi_01b

A4サイズ…chi_02a
ハガキサイズ…chi_02b

A4サイズ…chi_03a
ハガキサイズ…chi_03b

A4サイズ…chi_04a
ハガキサイズ…chi_04b

A4サイズ…chi_05a
ハガキサイズ…chi_05b

A4サイズ…chi_06a
ハガキサイズ…chi_06b

chi_07

chi_08

chi_09

chi_10

chi_11

chi_12

入園児面接／個人面談／家庭訪問／指導　　　　　　　　　　　　★白黒は P125〜P127

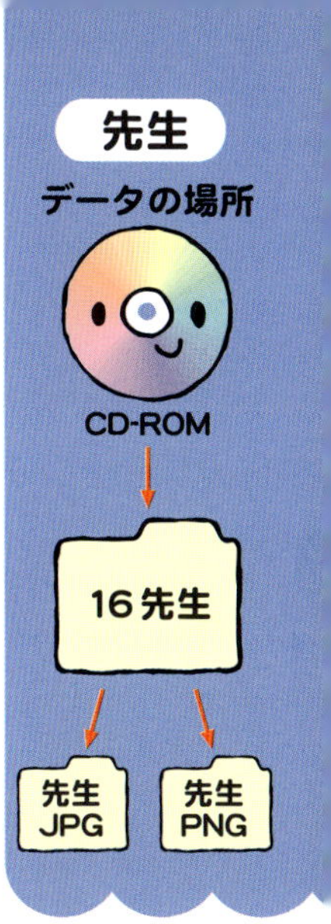

先生

データの場所
CD-ROM
↓
16先生
↓　↓
先生JPG　先生PNG

入園児面接
A4サイズ
【文字あり】…sen_01a
【文字なし】…sen_01b
ハガキサイズ
【文字あり】…sen_01c
【文字なし】…sen_01d
文字のみ…sen_01e

個人面談
A4サイズ
【文字あり】…sen_02a
【文字なし】…sen_02b
ハガキサイズ
【文字あり】…sen_02c
【文字なし】…sen_02d
文字のみ…sen_02e

家庭訪問にうかがいます
A4サイズ
【文字あり】…sen_03a
【文字なし】…sen_03b
ハガキサイズ
【文字あり】…sen_03c
【文字なし】…sen_03d
文字のみ…sen_03e

A4サイズ…sen_04a
ハガキサイズ…sen_04b

A4サイズ…sen_05a
ハガキサイズ…sen_05b

A4サイズ…sen_06a
ハガキサイズ…sen_06b

sen_07
sen_08
sen_09
sen_10
sen_11
sen_12

誕生

データの場所
CD-ROM → 17誕生 → 誕生JPG / 誕生PNG

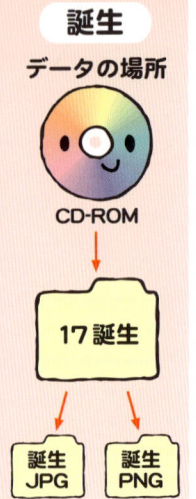

お誕生日／赤ちゃん／乳幼児保育

★白黒は P128～P130

A4サイズ…tan_01a
ハガキサイズ…tan_01b

HAPPY BIRTHDAY
A4サイズ【文字あり】…tan_02a
　　　　　【文字なし】…tan_02b
ハガキサイズ【文字あり】…tan_02c
　　　　　　【文字なし】…tan_02d
文字のみ…tan_02e

A4サイズ
【文字あり】…tan_03a
【文字なし】…tan_03b
ハガキサイズ
【文字あり】…tan_03c
【文字なし】…tan_03d
文字のみ…tan_03e

おたんじょうび おめでとう

A4サイズ…tan_04a
ハガキサイズ…tan_04b

A4サイズ…tan_05a
ハガキサイズ…tan_05b

A4サイズ…tan_06a
ハガキサイズ…tan_06b

tan_07

tan_08

tan_09

tan_10

tan_11

tan_12

ひらがな／その他

★白黒はP131〜P138

いっぱいつかってね♪ どんぐり。フォント

文字データの場所
CD-ROM → 18文字 → 文字JPG／文字PNG

あ	い	う	え	お	が	ぎ	ぐ	げ	ご
moji_001	moji_002	moji_003	moji_004	moji_005	moji_047	moji_048	moji_049	moji_050	moji_051
か	き	く	け	こ	ざ	じ	ず	ぜ	ぞ
moji_006	moji_007	moji_008	moji_009	moji_010	moji_052	moji_053	moji_054	moji_055	moji_056
さ	し	す	せ	そ	だ	ぢ	づ	で	ど
moji_011	moji_012	moji_013	moji_014	moji_015	moji_057	moji_058	moji_059	moji_060	moji_061
た	ち	つ	て	と	ば	び	ぶ	べ	ぼ
moji_016	moji_017	moji_018	moji_019	moji_020	moji_062	moji_063	moji_064	moji_065	moji_066
な	に	ぬ	ね	の	ぱ	ぴ	ぷ	ぺ	ぽ
moji_021	moji_022	moji_023	moji_024	moji_025	moji_067	moji_068	moji_069	moji_070	moji_071
は	ひ	ふ	へ	ほ	ぁ	ぃ	ぅ	ぇ	ぉ
moji_026	moji_027	moji_028	moji_029	moji_030	moji_072	moji_073	moji_074	moji_075	moji_076
ま	み	む	め	も	ゃ	ゅ	ょ	っ	ー
moji_031	moji_032	moji_033	moji_034	moji_035	moji_077	moji_078	moji_079	moji_080	moji_081
や		ゆ		よ	、	。	，	？	！
moji_036		moji_037		moji_038	moji_082	moji_083	moji_084	moji_085	moji_086
ら	り	る	れ	ろ	・	／	ー	「	」
moji_039	moji_040	moji_041	moji_042	moji_043	moji_087	moji_088	moji_089	moji_090	moji_091
わ		を		ん	〈	〉			
moji_044		moji_045		moji_046	moji_092	moji_093			

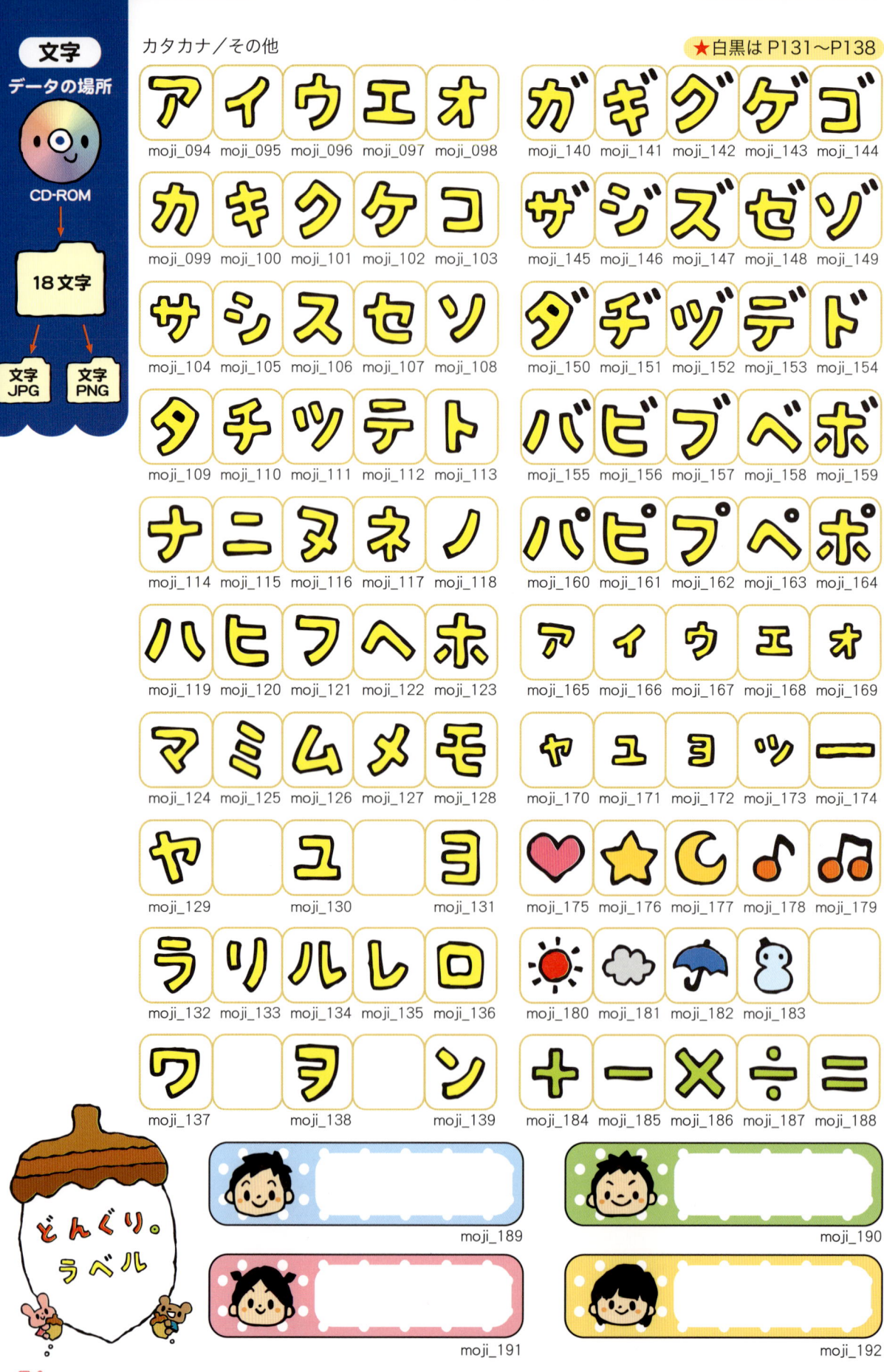

文字
データの場所
CD-ROM
→ 18文字
→ 文字JPG
→ 文字PNG

カタカナ／その他

★白黒は P131〜P138

ア	イ	ウ	エ	オ	ガ	ギ	グ	ゲ	ゴ
moji_094	moji_095	moji_096	moji_097	moji_098	moji_140	moji_141	moji_142	moji_143	moji_144
カ	キ	ク	ケ	コ	ザ	ジ	ズ	ゼ	ゾ
moji_099	moji_100	moji_101	moji_102	moji_103	moji_145	moji_146	moji_147	moji_148	moji_149
サ	シ	ス	セ	ソ	ダ	ヂ	ヅ	デ	ド
moji_104	moji_105	moji_106	moji_107	moji_108	moji_150	moji_151	moji_152	moji_153	moji_154
タ	チ	ツ	テ	ト	バ	ビ	ブ	ベ	ボ
moji_109	moji_110	moji_111	moji_112	moji_113	moji_155	moji_156	moji_157	moji_158	moji_159
ナ	ニ	ヌ	ネ	ノ	パ	ピ	プ	ペ	ポ
moji_114	moji_115	moji_116	moji_117	moji_118	moji_160	moji_161	moji_162	moji_163	moji_164
ハ	ヒ	フ	ヘ	ホ	ァ	ィ	ゥ	ェ	ォ
moji_119	moji_120	moji_121	moji_122	moji_123	moji_165	moji_166	moji_167	moji_168	moji_169
マ	ミ	ム	メ	モ	ャ	ュ	ョ	ッ	ー
moji_124	moji_125	moji_126	moji_127	moji_128	moji_170	moji_171	moji_172	moji_173	moji_174
ヤ		ユ		ヨ	♥	★	☾	♪	♫
moji_129		moji_130		moji_131	moji_175	moji_176	moji_177	moji_178	moji_179
ラ	リ	ル	レ	ロ	☀	☁	☂	⛄	
moji_132	moji_133	moji_134	moji_135	moji_136	moji_180	moji_181	moji_182	moji_183	
ワ		ヲ		ン	＋	−	×	÷	＝
moji_137		moji_138		moji_139	moji_184	moji_185	moji_186	moji_187	moji_188

どんぐり。ラベル

moji_189

moji_190

moji_191

moji_192

アルファベット／数字／その他 ★白黒はP131〜P138

A	B	C	D	E		a	b	c	d	e
moji_193	moji_194	moji_195	moji_196	moji_197		moji_219	moji_220	moji_221	moji_222	moji_223
F	G	H	I	J		f	g	h	i	j
moji_198	moji_199	moji_200	moji_201	moji_202		moji_224	moji_225	moji_226	moji_227	moji_228
K	L	M	N	O		k	l	m	n	o
moji_203	moji_204	moji_205	moji_206	moji_207		moji_229	moji_230	moji_231	moji_232	moji_233
P	Q	R	S	T		p	q	r	s	t
moji_208	moji_209	moji_210	moji_211	moji_212		moji_234	moji_235	moji_236	moji_237	moji_238
U	V	W	X	Y		u	v	w	x	y
moji_213	moji_214	moji_215	moji_216	moji_217		moji_239	moji_240	moji_241	moji_242	moji_243
Z						z	↑	↓	←	→
moji_218						moji_244	moji_245	moji_246	moji_247	moji_248

0	1	2	3	4	5	6	7	8	9	10
moji_249	moji_250	moji_251	moji_252	moji_253	moji_254	moji_255	moji_256	moji_257	moji_258	moji_259
11	12	13	14	15	16	17	18	19	20	21
moji_260	moji_261	moji_262	moji_263	moji_264	moji_265	moji_266	moji_267	moji_268	moji_269	moji_270
22	23	24	25	26	27	28	29	30	31	
moji_271	moji_272	moji_273	moji_274	moji_275	moji_276	moji_277	moji_278	moji_279	moji_280	

moji_281
moji_282
moji_283
moji_284

文字／データの場所
CD-ROM
18文字
文字JPG　文字PNG

組み文字／タイトル文字／その他

★白黒はP131〜P138

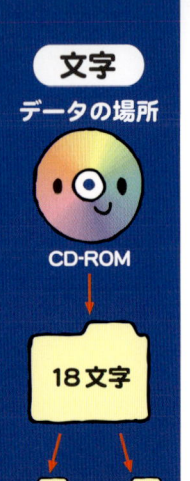

ねん	がつ	にち	 ようび
moji_285	moji_286	moji_287	moji_288

月	火	水	木	金	土	日
moji_289	moji_290	moji_291	moji_292	moji_293	moji_294	moji_295

おとうばん
moji_296

せんせい
moji_297

ちゃん
moji_298

あかずきん
moji_299

くん
moji_300

さん
moji_301

かさじぞう
moji_302

おてんき
moji_303

3びきのこぶた
moji_304

はれ
moji_305

くもり
moji_306

じゅうにしのおはなし
moji_309

あめ
moji_307

ゆき
moji_308

どんぐりスタンプ

たいへんよくできました
moji_310

よくできました
moji_311

もうすこし
moji_312

がんばりましょう
moji_313

56

ペープサート パネルシアター

カラー

かんたん！わくわく！ペープサート・パネルシアター

ペープサートとパネルシアターは、絵人形を使って、おはなしや歌、遊び、ゲームを展開する教育方法です。ペープサートの絵人形は、絵を描いた紙に棒をつけて作ります。一方、パネルシアターはPペーパーに絵を描いて作ります。本書のCD-ROMには、ペープサートにも、パネルシアターにも使える型紙を、カラーデータと白黒データで収録しています。白黒の型紙は、紙面からコピーして使うこともできます。

プリントアウトまたはコピーさえすれば、切り取って貼り合わせるだけで絵人形が完成するので、絵人形作りは初めて！　という方や、作りたいけれど絵がうまく描けない、時間がないという方でも、気軽に絵人形作りに挑戦していただけます。

→**詳しい絵人形の作り方（型紙の使い方）はP140に掲載しています。**

ページの見方

枠ありデータとは、左図のように枠がついた状態で収録されているデータをいいます。

この内側の線が枠です

枠なしデータとは、左図のように枠がない状態で収録されているデータをいいます。

※ペープサート・パネルシアターの型紙は、カラー・白黒共、全てJPEGデータで収録していますので、背景は透過しません。

紙面にはカラーデータは全て枠なしで、白黒データは全て枠ありで掲載していますが、CD-ROMにはどちらも枠ありと枠なしの両方を収録しています。

このおはなしを通してこどもたちが学べる教訓など。

（表）長男ぶた 　　（裏）逃げる長男ぶた

表裏貼り合わせのアドバイス

「表裏貼り合わせ」とは、一瞬にして、表情や向きを変えたり、場面転換することができるしかけです。

絵人形作りに必要な道具

- はさみ
- 接着剤（でんぷんのり、固形のスティックのりなど） 
  ※Pペーパーの場合は、不織布用のり、木工用ボンドなどもおすすめ。

★白黒の型紙を使って自分で着色する場合 
- 水彩絵の具、ポスターカラー 
- クレヨン 
- マーカー 
- 色鉛筆
- etc...

＋

【ペープサートの場合】
- 薄手の画用紙 
- 竹串、わりばしなど 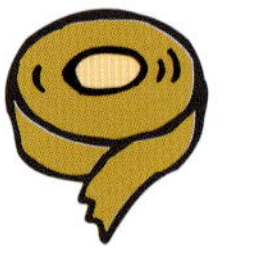
- ガムテープ、セロハンテープなど

【パネルシアターの場合】
- Pペーパー

パネルシアターは、パネル布と呼ばれる付着力の高い不織布でおおった舞台（ボード）に、Pペーパーと呼ばれる三菱製紙製の不織布［商品名：MBSテック］で作った絵人形を貼ったり外したりして展開する劇を指します。

パネル布やPペーパーが手に入りづらい方は、舞台を黒板やホワイトボードで、絵人形を画用紙にマグネットシートを貼ったり挟んだりしたもので、それぞれ代用すれば、同じように楽しめます。

Pペーパーは、全国大型書店や東急ハンズ※、ユザワヤ※などの各店舗で取り扱っています。　　※一部店舗を除く。
お近くにお取り扱い店舗がない場合は、通信販売で購入できます。（下記は一例です）
★丸善＆ジュンク堂書店ネットストア　http://www.junkudo.co.jp/
★紀伊國屋書店BookWeb　http://bookweb.kinokuniya.co.jp/
「Pペーパー」または「Pペーパー　パネルシアター」で検索してください。

おはなし①

あかずきん

★白黒の型紙は P141〜P144
★作り方、型紙の使い方は P140

赤ずきん
データの場所 
CD-ROM
→ 19赤ずきん
→ 赤ずきん JPG

防犯について、こどもたちにわかりやすく教えられるおはなしです。防犯教室などでは、防犯標語「いかのおすし」の紹介劇や紙芝居などと合わせて演じられることが多いようです。

用意する型紙

赤ずきん
枠あり…aka_01a
枠なし…aka_01b

おかあさん
枠あり…aka_02a
枠なし…aka_02b

おばあさん
枠あり…aka_03a
枠なし…aka_03b

おばあさんの家のドア
枠あり…aka_04a
枠なし…aka_04b

オオカミ
枠あり…aka_05a
枠なし…aka_05b

変装したオオカミ
枠あり…aka_06a
枠なし…aka_06b

満腹になったオオカミ
枠あり…aka_07a
枠なし…aka_07b

猟師
枠あり…aka_08a
枠なし…aka_08b

はさみを持った猟師
枠あり…aka_09a
枠なし…aka_09b

大きな石ころ
枠あり…aka_10a
枠なし…aka_10b

森の風景
枠あり…aka_11a　枠なし…aka_11b

おばあさんのベッド
枠あり…aka_12a　枠なし…aka_12b

井戸
枠あり…aka_13a　枠なし…aka_13b

表裏貼り合わせのアドバイス

♥（表）オオカミ ―（裏）変装したオオカミ
♥（表）変装したオオカミ ―（裏）満腹になったオオカミ
♥（表）猟師 ―（裏）はさみを持った猟師

※貼り合わせなくても、お使いいただけます。また、上記以外の絵人形の組み合わせも、アイデア次第で自由自在です。

かさじぞう

データの場所
CD-ROM
↓
20 かさじぞう
↓
かさじぞう JPG

★白黒の型紙は P145〜P149
★作り方、型紙の使い方は P140

おはなし②
かさじぞう

用意する型紙

「良い行いをすれば必ず自分にも良いことが返ってくるよ」という道徳心のほか、「思いやる心」や「前向きに生きること」の大切さをこどもたちに教えてくれるおはなしです。

おじいさん
枠あり…kasa_01a
枠なし…kasa_01b

驚くおじいさん
枠あり…kasa_02a
枠なし…kasa_02b

おばあさん
枠あり…kasa_03a
枠なし…kasa_03b

驚くおばあさん
枠あり…kasa_04a
枠なし…kasa_04b

町へでかけるおじいさん
枠あり…kasa_05a
枠なし…kasa_05b

家に帰るおじいさん
枠あり…kasa_06a
枠なし…kasa_06b

雪をかぶるじぞう
枠あり…kasa_07a
枠なし…kasa_07b

笠をかぶったじぞう
枠あり…kasa_08a
枠なし…kasa_08b

町の様子
枠あり…kasa_09a　枠なし…kasa_09b

向かってくる六じぞう
枠あり…kasa_10a　枠なし…kasa_10b

手ぬぐいをかぶったじぞう
枠あり…kasa_11a
枠なし…kasa_11b

おじいさんとおばあさんの家
枠あり…kasa_12a　枠なし…kasa_12b

帰っていく六じぞう
枠あり…kasa_13a　枠なし…kasa_13b

お正月の食料や宝の山
枠あり…kasa_14a　枠なし…kasa_14b

- ♥（表）おじいさん　─（裏）驚くおじいさん
- ♥（表）おばあさん　─（裏）驚くおばあさん
- ♥（表）町へでかけるおじいさん　─（裏）家に帰るおじいさん
- ♥（表）雪をかぶるじぞう　─（裏）笠をかぶったじぞう
- ♥（表）雪をかぶるじぞう　─（裏）手ぬぐいをかぶったじぞう
- ♥（表）町の様子　─（裏）おじいさんとおばあさんの家
- ♥（表）向かってくる六じぞう　─（裏）帰っていく六じぞう

表裏貼り合わせのアドバイス

※貼り合わせなくても、お使いいただけます。また、上記以外の絵人形の組み合わせも、アイデア次第で自由自在です。

おはなし③
3びきのこぶた

★白黒の型紙はP150～P154
★作り方、型紙の使い方はP140

三びきのこぶた
データの場所
CD-ROM
↓
21三びき
↓
三びき JPG

三びきのこぶたの家づくりの姿勢と結果を通して、こどもたちが「まじめに、一生懸命に頑張ること」や災害などに「備えること」の大切さを学べるおはなしです。

用意する型紙

オオカミ
枠あり…san_01a
枠なし…san_01b

お尻が燃えるオオカミ
枠あり…san_02a
枠なし…san_02b

長男ぶた
枠あり…san_03a
枠なし…san_03b

逃げる長男ぶた
枠あり…san_04a
枠なし…san_04b

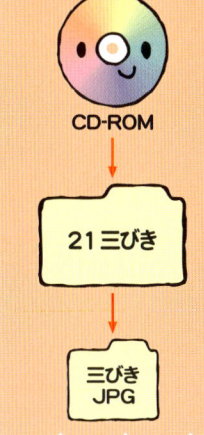

次男ぶた
枠あり…san_05a
枠なし…san_05b

逃げる次男ぶた
枠あり…san_06a
枠なし…san_06b

三男ぶた
枠あり…san_07a
枠なし…san_07b

働く三男ぶた
枠あり…san_08a
枠なし…san_08b

わらの家
枠あり…san_09a　枠なし…san_09b

木の家
枠あり…san_10a　枠なし…san_10b

レンガの家
枠あり…san_11a　枠なし…san_11b

吹き飛ぶわらの家
枠あり…san_12a　枠なし…san_12b

吹き飛ぶ木の家
枠あり…san_13a　枠なし…san_13b

レンガの家の暖炉
枠あり…san_14a　枠なし…san_14b

表裏貼り合わせのアドバイス

- ♥（表）オオカミ　―（裏）お尻が燃えるオオカミ
- ♥（表）長男ぶた　―（裏）逃げる長男ぶた
- ♥（表）次男ぶた　―（裏）逃げる次男ぶた
- ♥（表）三男ぶた　―（裏）働く三男ぶた　　♥（表）木の家　―（裏）吹き飛ぶ木の家
- ♥（表）わらの家　―（裏）吹き飛ぶわらの家　　♥（表）レンガの家　―（裏）レンガの家の暖炉

※貼り合わせなくても、お使いいただけます。また、上記以外の絵人形の組み合わせも、アイデア次第で自由自在です。

じゅうにしの おはなし

データの場所 
CD-ROM
↓
22 じゅうにし
↓
じゅうにし JPG

★白黒の型紙は P155〜P159
★作り方、型紙の使い方は P140

おはなし④ じゅうにしの おはなし

十二支にねこが入っていないのはどうして？ 干支の由来を教えるストーリーの中に、「うそをついてはいけないよ」という教訓も含んだおはなしです。

用意する型紙

ねこ
枠あり…ju_01a
枠なし…ju_01b

追いかけるねこ
枠あり…ju_02a
枠なし…ju_02b

ねずみ
枠あり…ju_03a
枠なし…ju_03b

逃げるねずみ
枠あり…ju_04a
枠なし…ju_04b

うし
枠あり…ju_05a
枠なし…ju_05b

とら
枠あり…ju_06a
枠なし…ju_06b

うさぎ
枠あり…ju_07a
枠なし…ju_07b

りゅう
枠あり…ju_08a
枠なし…ju_08b

へび
枠あり…ju_09a
枠なし…ju_09b

うま
枠あり…ju_10a
枠なし…ju_10b

ひつじ
枠あり…ju_11a
枠なし…ju_11b

さる
枠あり…ju_12a
枠なし…ju_12b

入口が開いた神様の御殿
枠あり…ju_13a
枠なし…ju_13b

とり
枠あり…ju_14a
枠なし…ju_14b

いぬ
枠あり…ju_15a
枠なし…ju_15b

いのしし
枠あり…ju_16a
枠なし…ju_16b

神様
枠あり…ju_17a
枠なし…ju_17b

入口が閉じた神様の御殿
枠あり…ju_18a
枠なし…ju_18b

表裏貼り合わせのアドバイス

♥（表）ねこ ー（裏）追いかけるねこ
♥（表）ねずみ ー（裏）逃げるねずみ
♥（表）入口が開いた神様の御殿 ー（裏）入口が閉じた神様の御殿

※貼り合わせなくても、お使いいただけます。また、上記以外の絵人形の組み合わせも、アイデア次第で自由自在です。

フレーム・飾り罫

白黒

4月
データの場所

CD-ROM
↓
01_4月
↓　↓
4月_白黒J　4月_白黒P

4月のイメージ／入園／登園／交通安全／イースター

★カラーはP22〜P23

4月の行事予定

文字あり…4_01a_B
文字なし…4_01b_B
文字のみ…4_01c_B

4月の園だより

文字あり…4_02a_B
文字なし…4_02b_B
文字のみ…4_02c_B

にゅうえんしき

文字あり…4_03a_B
文字なし…4_03b_B
文字のみ…4_03c_B

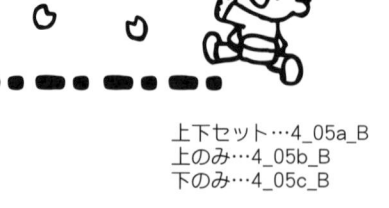

上下セット…4_05a_B
上のみ…4_05b_B
下のみ…4_05c_B

4_04_B

4_06_B

64

★カラーは P22〜P23

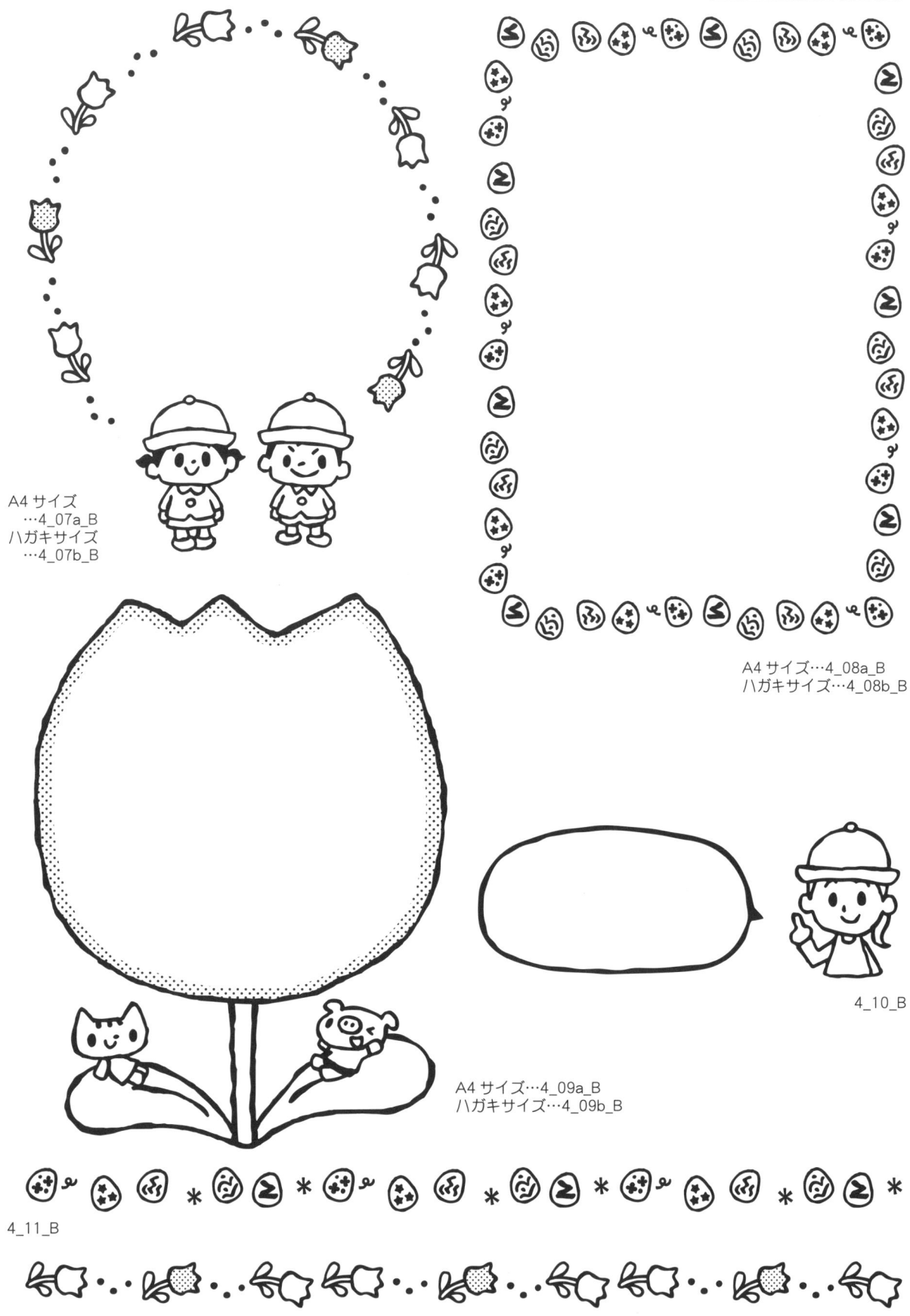

A4サイズ…4_07a_B
ハガキサイズ…4_07b_B

A4サイズ…4_08a_B
ハガキサイズ…4_08b_B

4_10_B

A4サイズ…4_09a_B
ハガキサイズ…4_09b_B

4_11_B

4_12_B

65

4月
データの場所

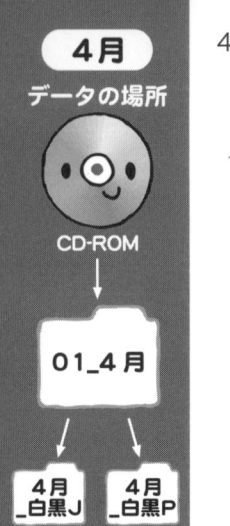

CD-ROM
↓
01_4月
↓   ↓
4月_白黒J 4月_白黒P

4月のイメージ／入園／登園／交通安全／イースター

★カラーはP22～P23

A4 サイズ…4_13a_B
ハガキサイズ…4_13b_B

A4 サイズ…4_14a_B
ハガキサイズ…4_14b_B

4_15_B

4_16_B

66

★カラーはP22〜P23

交通安全

A4サイズ【文字あり】…4_17a_B／【文字なし】…4_17b_B
ハガキサイズ【文字あり】…4_17c_B／【文字なし】…4_17d_B　文字のみ…4_17e_B

A4サイズ…4_18a_B
ハガキサイズ…4_18b_B

4_19_B

4_20_B

67

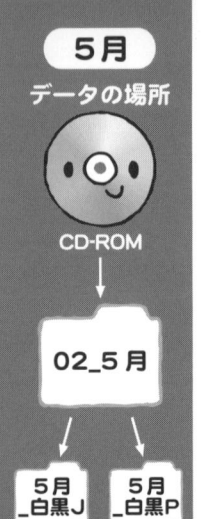

5月 データの場所
CD-ROM
↓
02_5月
↓   ↓
5月   5月
_白黒J _白黒P

5月のイメージ／春の遠足／こどもの日／母の日

★カラーはP24〜P25

5月の行事予定

文字あり…5_01a_B
文字なし…5_01b_B
文字のみ…5_01c_B

5月の園だより

文字あり…5_02a_B
文字なし…5_02b_B
文字のみ…5_02c_B

母の日

文字あり…5_03a_B
文字なし…5_03b_B
文字のみ…5_03c_B

こどもの日

上下セット…5_05a_B
上のみ…5_05b_B
下のみ…5_05c_B

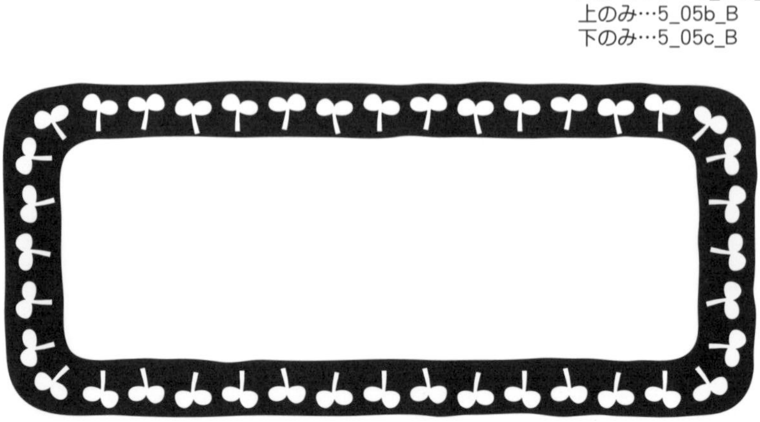

文字あり…5_04a_B　　文字なし…5_04b_B
文字のみ…5_04c_B

5_06_B

68

★カラーはP24〜P25

A4サイズ…5_07a_B
ハガキサイズ…5_07b_B

A4サイズ…5_08a_B
ハガキサイズ…5_08b_B

5_10_B

A4サイズ…5_09a_B
ハガキサイズ…5_09b_B

5_11_B

5_12_B

69

5月
データの場所

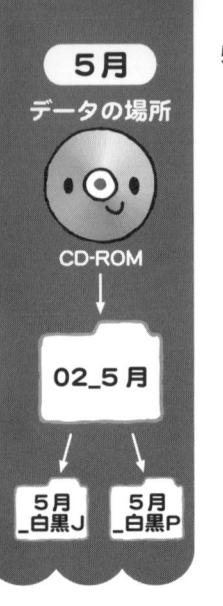

CD-ROM
↓
02_5月
↓   ↓
5月_白黒J   5月_白黒P

5月のイメージ／春の遠足／こどもの日／母の日

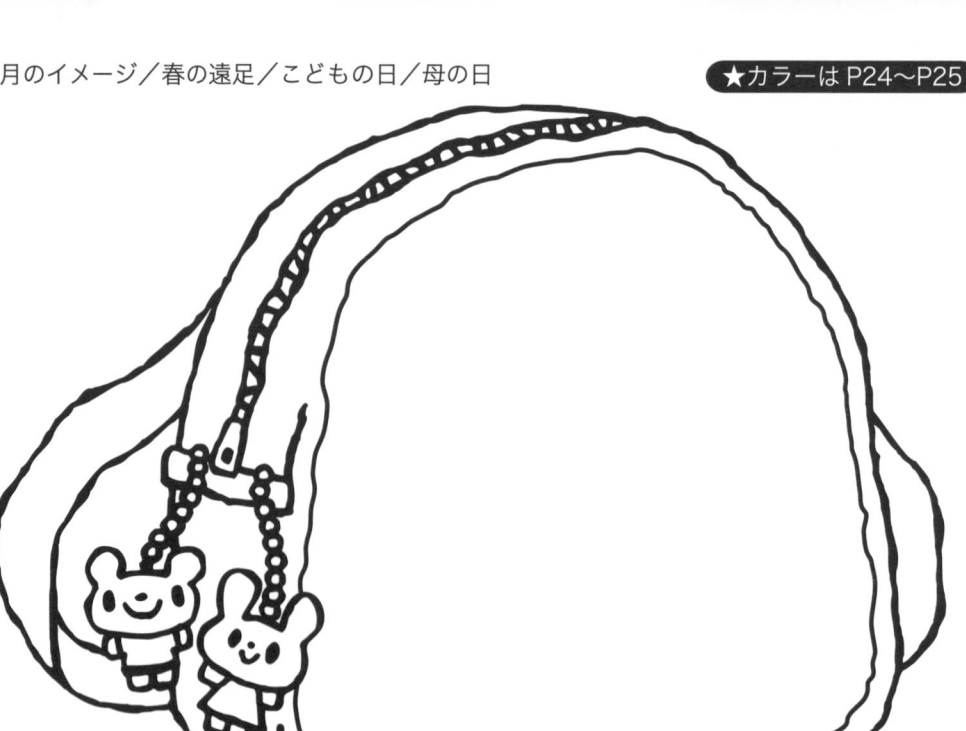

★カラーは P24〜P25

A4サイズ…5_13a_B
ハガキサイズ…5_13b_B

A4サイズ…5_14a_B
ハガキサイズ…5_14b_B

5_15_B

5_16_B

70

★カラーは P24〜P25

A4 サイズ
　…5_17a_B
ハガキサイズ
　…5_17b_B

おかあさん
ありがとう

A4サイズ【文字あり】…5_18a_B／【文字なし】…5_18b_B
ハガキサイズ【文字あり】…5_18c_B／【文字なし】…5_18d_B　　文字のみ…5_18e_B

5_19_B

5_20_B

6月

データの場所
CD-ROM
↓
03_6月
↓ ↓
6月_白黒J 6月_白黒P

6月のイメージ／梅雨／父の日／身体測定／虫歯予防

★カラーは P26～P27

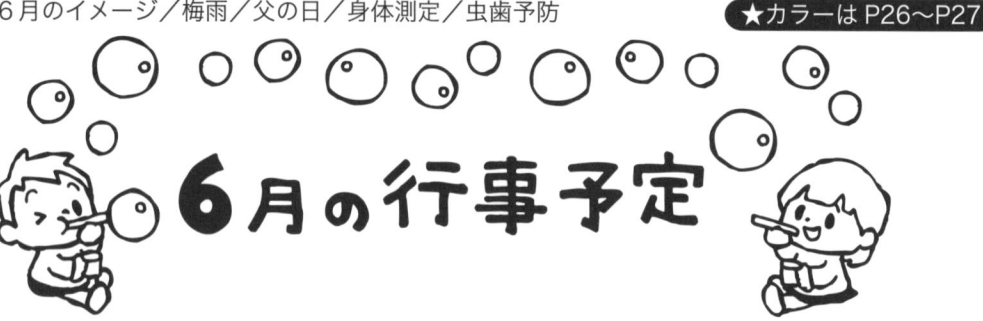

6月の行事予定

文字あり…6_01a_B　　文字なし…6_01b_B　　文字のみ…6_01c_B

6月の園だより

文字あり…6_02a_B
文字なし…6_02b_B
文字のみ…6_02c_B

父の日

文字あり…6_03a_B
文字なし…6_03b_B
文字のみ…6_03c_B

しんたいそくてい

上下セット…6_05a_B
上のみ…6_05b_B
下のみ…6_05c_B

文字あり…6_04a_B　　文字なし…6_04b_B
文字のみ…6_04c_B

6_06_B

72

★カラーはP26〜P27

A4サイズ…6_07a_B
ハガキサイズ…6_07b_B

A4サイズ…6_08a_B
ハガキサイズ…6_08b_B

6_10_B

A4サイズ…6_09a_B
ハガキサイズ…6_09b_B

6_11_B

6_12_B

73

6月

データの場所

CD-ROM
↓
03_6月
↓   ↓
6月   6月
_白黒J _白黒P

6月のイメージ／梅雨／父の日／身体測定／虫歯予防

★カラーはP26〜P27

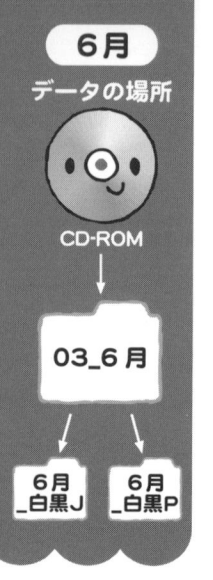

A4サイズ
　…6_13a_B
ハガキサイズ
　…6_13b_B

A4サイズ
　…6_14a_B
ハガキサイズ
　…6_14b_B

6_15_B

6_16_B

74

★カラーは P26～P27

おとうさんありがとう

A4サイズ【文字あり】…6_17a_B／【文字なし】…6_17b_B
ハガキサイズ【文字あり】…6_17c_B／【文字なし】…6_17d_B　文字のみ…6_17e_B

A4サイズ
　…6_18a_B
ハガキサイズ
　…6_18b_B

6_19_B

6_20_B

75

7月

7月のイメージ／七夕／夕涼み会／プール開き／潮干狩り

★カラーはP28〜P29

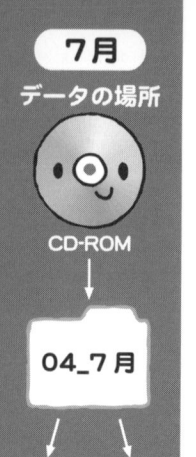

データの場所
CD-ROM
04_7月
7月_白黒J　7月_白黒P

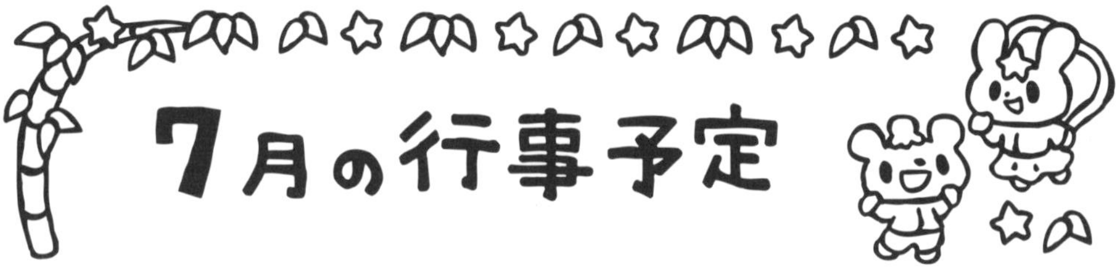

7月の行事予定

文字あり…7_01a_B
文字なし…7_01b_B
文字のみ…7_01c_B

7月の園だより

文字あり…7_02a_B
文字なし…7_02b_B
文字のみ…7_02c_B

夕涼み会

文字あり…7_03a_B
文字なし…7_03b_B
文字のみ…7_03c_B

七夕たなばた

上下セット…7_05a_B
上のみ…7_05b_B
下のみ…7_05c_B

文字あり…7_04a_B　　文字なし…7_04b_B
文字のみ…7_04c_B

7_06_B

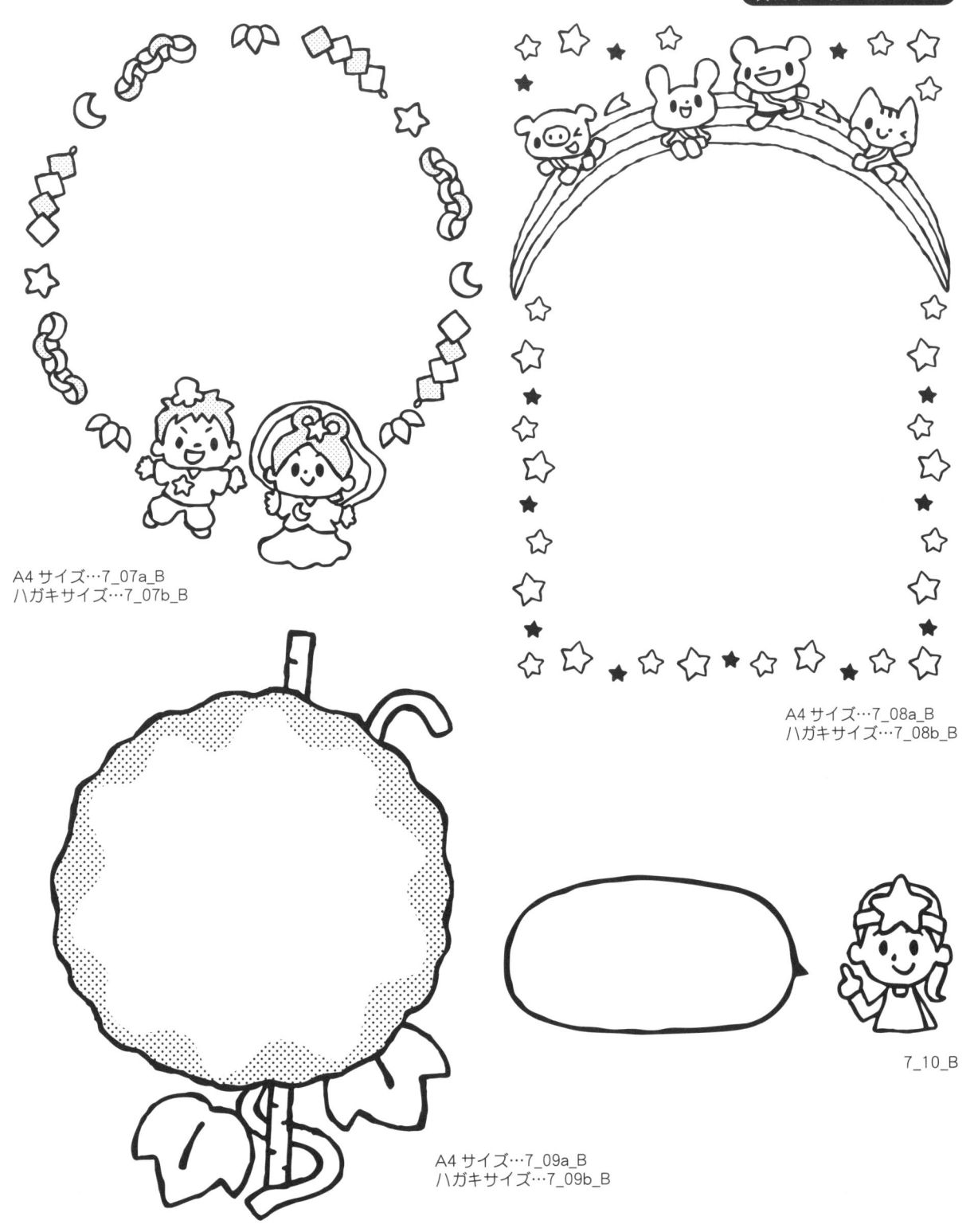

★カラーはP28〜P29

A4サイズ…7_07a_B
ハガキサイズ…7_07b_B

A4サイズ…7_08a_B
ハガキサイズ…7_08b_B

A4サイズ…7_09a_B
ハガキサイズ…7_09b_B

7_10_B

7_11_B

7_12_B

77

7月

データの場所

CD-ROM
↓
04_7月
↓   ↓
7月   7月
_白黒J _白黒P

7月のイメージ／七夕／夕涼み会／プール開き／潮干狩り

★カラーはP28〜P29

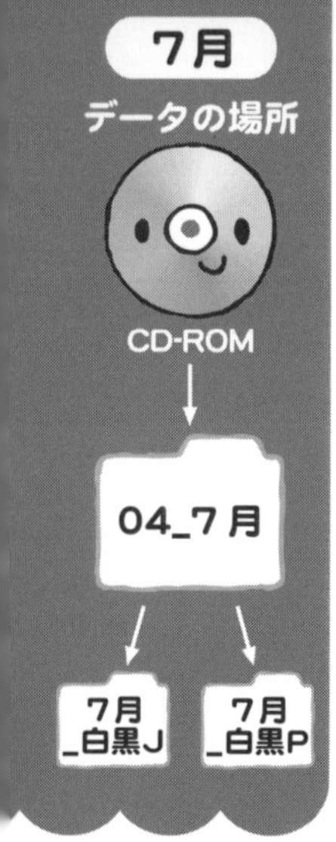

A4サイズ…7_13a_B
ハガキサイズ…7_13b_B

A4サイズ
　…7_14a_B
ハガキサイズ
　…7_14b_B

7_15_B

7_16_B

78

★カラーはP28〜P29

A4サイズ
　…7_17a_B
ハガキサイズ
　…7_17b_B

プールびらき

A4サイズ【文字あり】…7_18a_B／【文字なし】…7_18b_B
ハガキサイズ【文字あり】…7_18c_B／【文字なし】…7_18d_B　　文字のみ…7_18e_B

7_19_B

7_20_B

8月

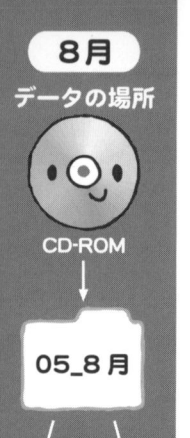

データの場所

CD-ROM
↓
05_8月
↙ ↘
8月_白黒J 8月_白黒P

8月のイメージ／夏休み／お泊まり保育／花火大会／夏祭り／海

★カラーはP30〜P31

8月の行事予定

文字あり…8_01a_B
文字なし…8_01b_B
文字のみ…8_01c_B

8月の園だより

文字あり…8_02a_B
文字なし…8_02b_B
文字のみ…8_02c_B

なつやすみ

文字あり…8_03a_B
文字なし…8_03b_B
文字のみ…8_03c_B

上下セット…8_05a_B
上のみ…8_05b_B
下のみ…8_05c_B

8_04_B

8_06_B

80

★カラーは P30〜P31

おとまり保育

A4サイズ
　…8_07a_B
ハガキサイズ
　…8_07b_B

A4サイズ【文字あり】…8_08a_B
　　　【文字なし】…8_08b_B
ハガキサイズ【文字あり】…8_08c_B
　　　　　【文字なし】…8_08d_B
文字のみ…8_08e_B

A4サイズ…8_09a_B
ハガキサイズ…8_09b_B

8_10_B

8_11_B

8_12_B

81

8月
データの場所

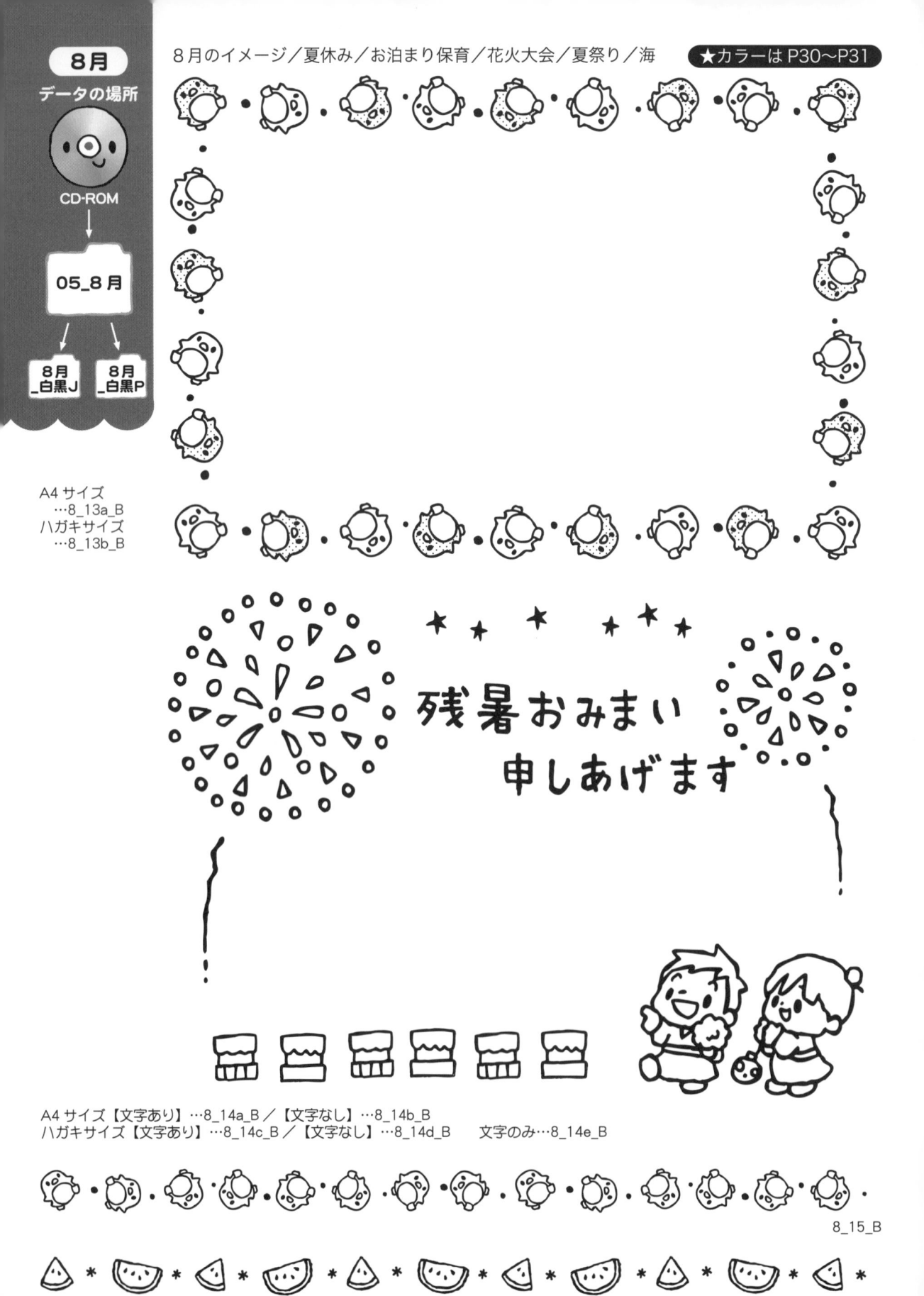

CD-ROM
↓
05_8月
↓ ↓
8月_白黒J 8月_白黒P

8月のイメージ／夏休み／お泊まり保育／花火大会／夏祭り／海

★カラーは P30～P31

A4サイズ
　…8_13a_B
ハガキサイズ
　…8_13b_B

残暑おみまい
申しあげます

A4サイズ【文字あり】…8_14a_B／【文字なし】…8_14b_B
ハガキサイズ【文字あり】…8_14c_B／【文字なし】…8_14d_B　　文字のみ…8_14e_B

8_15_B

8_16_B

82

★カラーは P30〜P31

暑中おみまい
申しあげます

A4サイズ【文字あり】…8_17a_B／【文字なし】…8_17b_B
ハガキサイズ【文字あり】…8_17c_B／【文字なし】…8_17d_B　　文字のみ…8_17e_B

A4サイズ
　…8_18a_B
ハガキサイズ
　…8_18b_B

8_19_B

8_20_B

83

9月

データの場所

CD-ROM
↓
06_9月
↓　↓
9月_白黒J　9月_白黒P

9月のイメージ／お月見／防災の日／敬老の日／秋の遠足

★カラーは P32〜P33

9月の行事予定

文字あり…9_01a_B　文字なし…9_01b_B　文字のみ…9_01c_B

9月の園だより

文字あり…9_02a_B
文字なし…9_02b_B
文字のみ…9_02c_B

けいろうの日

文字あり…9_03a_B
文字なし…9_03b_B
文字のみ…9_03c_B

ひなんくんれん

上下セット…9_05a_B
上のみ…9_05b_B
下のみ…9_05c_B

文字あり…9_04a_B　文字なし…9_04b_B
文字のみ…9_04c_B

9_06_B

84

★カラーはP32〜P33

A4サイズ…9_07a_B
ハガキサイズ…9_07b_B

A4サイズ…9_08a_B
ハガキサイズ…9_08b_B

9_10_B

A4サイズ…9_09a_B
ハガキサイズ…9_09b_B

9_11_B

9_12_B

| 9月 |
| データの場所 |

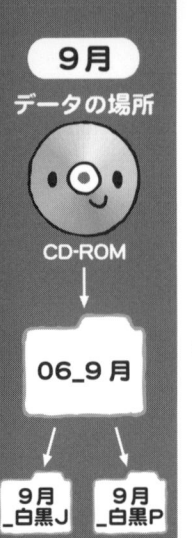

CD-ROM → 06_9月 → 9月_白黒J / 9月_白黒P

9月のイメージ／お月見／防災の日／敬老の日／秋の遠足

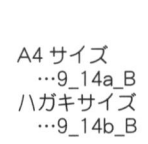

★カラーは P32〜P33

A4サイズ
　…9_13a_B
ハガキサイズ
　…9_13b_B

A4サイズ
　…9_14a_B
ハガキサイズ
　…9_14b_B

9_15_B

9_16_B

86

★カラーはP32〜P33

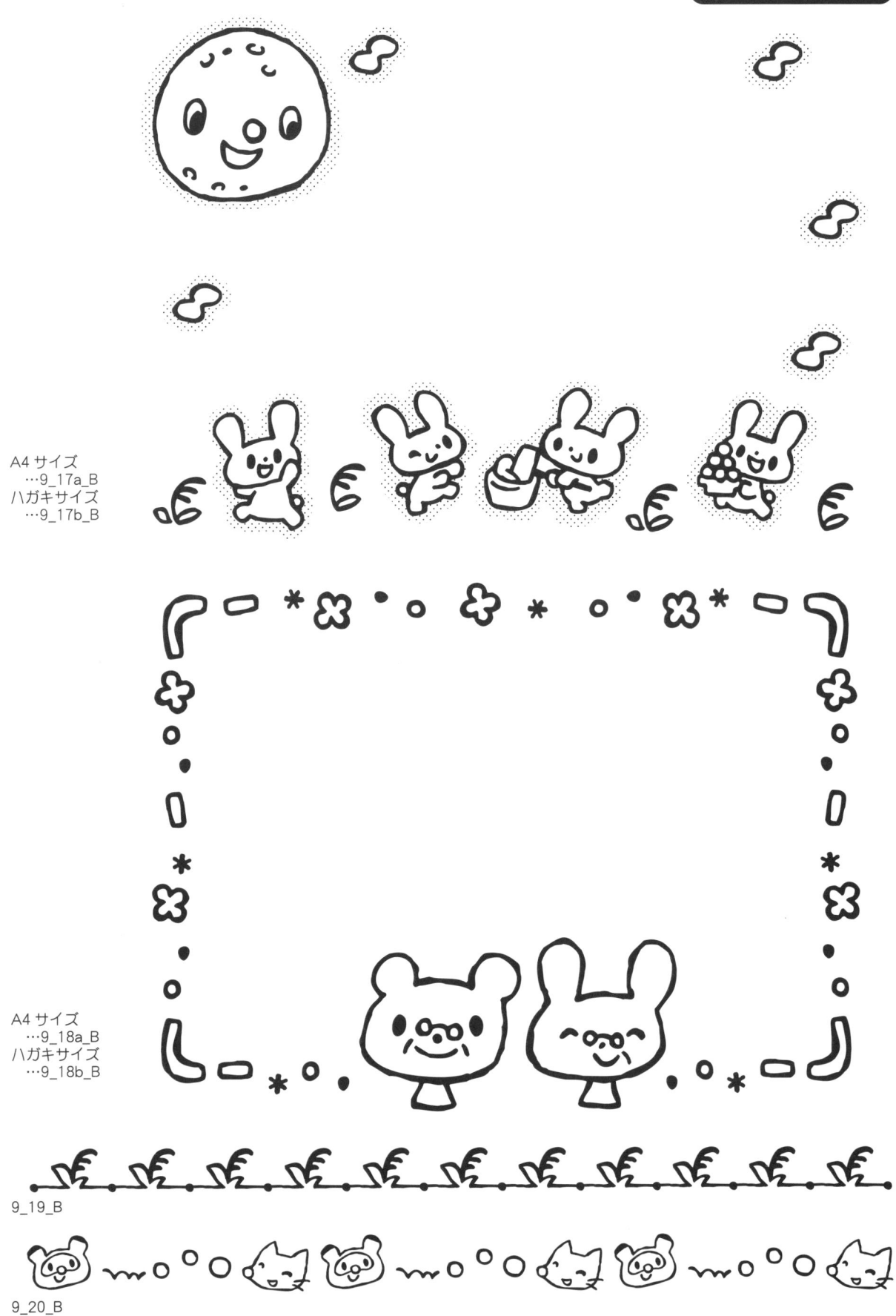

A4サイズ
　…9_17a_B
ハガキサイズ
　…9_17b_B

A4サイズ
　…9_18a_B
ハガキサイズ
　…9_18b_B

9_19_B

9_20_B

10月 データの場所

CD-ROM
↓
07_10月
↓   ↓
10月_白黒J 10月_白黒P

10月のイメージ／運動会／ハロウィン

★カラーは P34〜P35

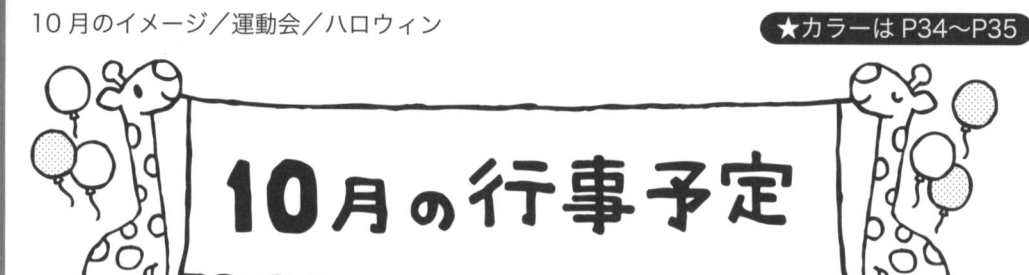

10月の行事予定

文字あり…10_01a_B　文字なし…10_01b_B　文字のみ…10_01c_B

10月の園だより

文字あり…10_02a_B
文字なし…10_02b_B
文字のみ…10_02c_B

うんどうかい

文字あり…10_03a_B
文字なし…10_03b_B
文字のみ…10_03c_B

上下セット…10_05a_B
上のみ…10_05b_B
下のみ…10_05c_B

10_04_B

10_06_B

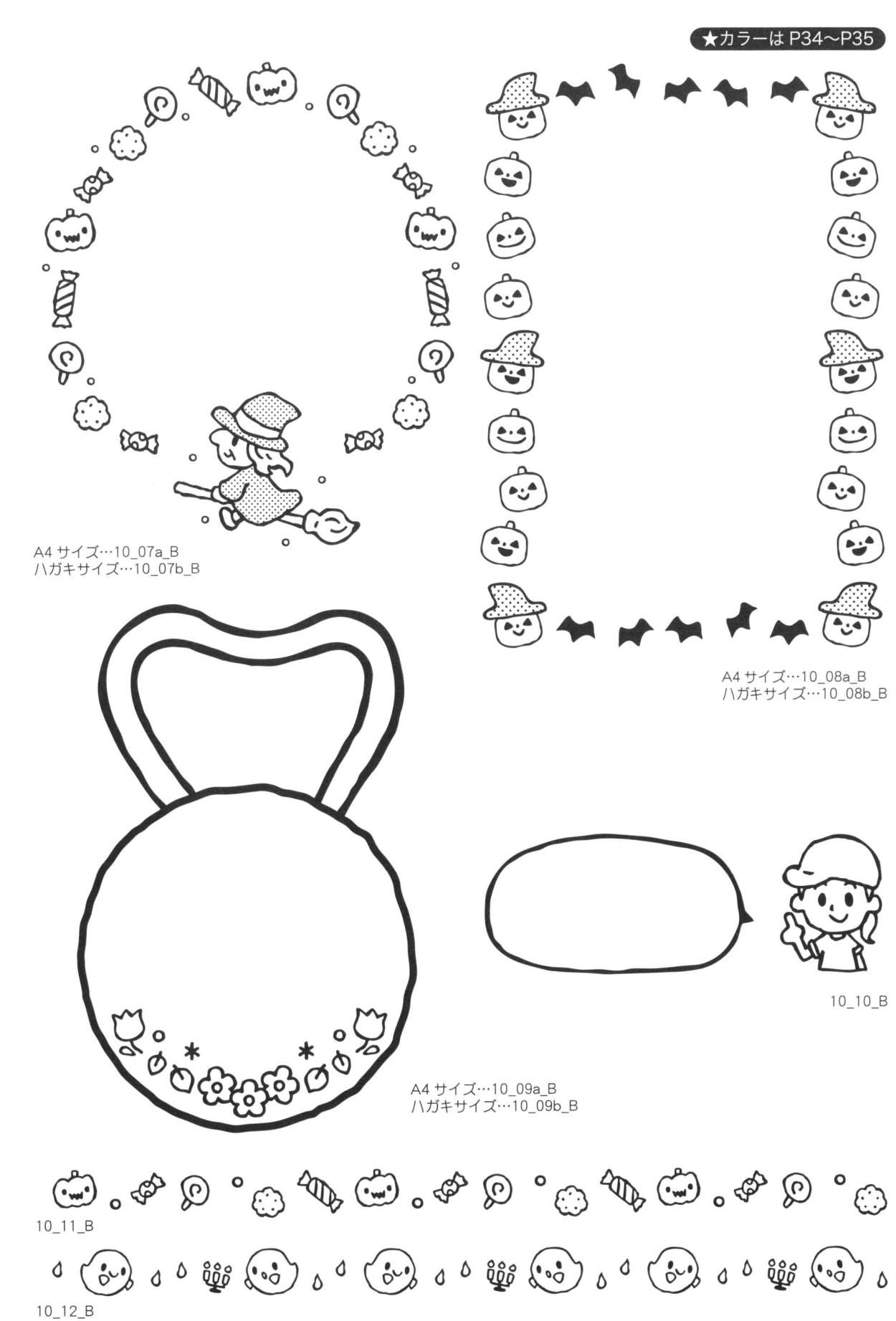

★カラーはP34〜P35

A4サイズ…10_07a_B
ハガキサイズ…10_07b_B

A4サイズ…10_08a_B
ハガキサイズ…10_08b_B

10_10_B

A4サイズ…10_09a_B
ハガキサイズ…10_09b_B

10_11_B

10_12_B

89

10月 データの場所

CD-ROM
↓
07_10月
↓ ↓
10月_白黒J 10月_白黒P

10月のイメージ／運動会／ハロウィン

★カラーはP34〜P35

A4 サイズ
　…10_13a_B
ハガキサイズ
　…10_13b_B

A4 サイズ
　…10_14a_B
ハガキサイズ
　…10_14b_B

10_15_B

10_16_B

90

★カラーはP34～P35

A4サイズ
　…10_17a_B
ハガキサイズ
　…10_17b_B

A4サイズ
　…10_18a_B
ハガキサイズ
　…10_18b_B

10_19_B

10_20_B

11月 データの場所

CD-ROM → 08_11月 → 11月_白黒J / 11月_白黒P

11月のイメージ／バザー／いもほり／作品展／読書週間

★カラーは P36〜P37

11月の行事予定

文字あり…11_01a_B
文字なし…11_01b_B
文字のみ…11_01c_B

11月の園だより

文字あり…11_02a_B
文字なし…11_02b_B
文字のみ…11_02c_B

いもほり

文字あり…11_03a_B
文字なし…11_03b_B
文字のみ…11_03c_B

バザー

上下セット…11_05a_B
上のみ…11_05b_B
下のみ…11_05c_B

文字あり…11_04a_B　　文字なし…11_04b_B
文字のみ…11_04c_B

11_06_B

★カラーは P36〜P37

A4 サイズ
　…11_07a_B
ハガキサイズ
　…11_07b_B

A4 サイズ…11_08a_B
ハガキサイズ…11_08b_B

11_10_B

A4 サイズ…11_09a_B
ハガキサイズ…11_09b_B

11_11_B

11_12_B

93

11月
データの場所

CD-ROM
↓
08_11月
↓ ↓
11月_白黒J 11月_白黒P

11月のイメージ／バザー／いもほり／作品展／読書週間

★カラーは P36～P37

A4サイズ
　…11_13a_B
ハガキサイズ
　…11_13b_B

A4サイズ
　…11_14a_B
ハガキサイズ
　…11_14b_B

11_15_B

11_16_B

94

★カラーはP36〜P37

A4サイズ
　…11_17a_B
ハガキサイズ
　…11_17b_B

A4サイズ
　…11_18a_B
ハガキサイズ
　…11_18b_B

11_19_B

11_20_B

12月

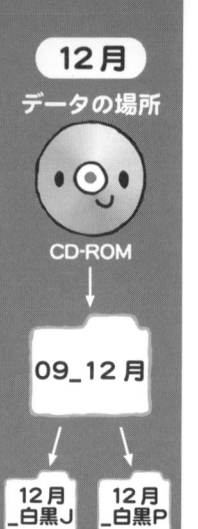

データの場所

CD-ROM
↓
09_12月
↓　　↓
12月_白黒J　12月_白黒P

12月のイメージ／クリスマス／大掃除／雪

★カラーは P38～P39

12月の行事予定

文字あり…12_01a_B
文字なし…12_01b_B
文字のみ…12_01c_B

12月の園だより

文字あり…12_02a_B
文字なし…12_02b_B
文字のみ…12_02c_B

クリスマス会

文字あり…12_03a_B
文字なし…12_03b_B
文字のみ…12_03c_B

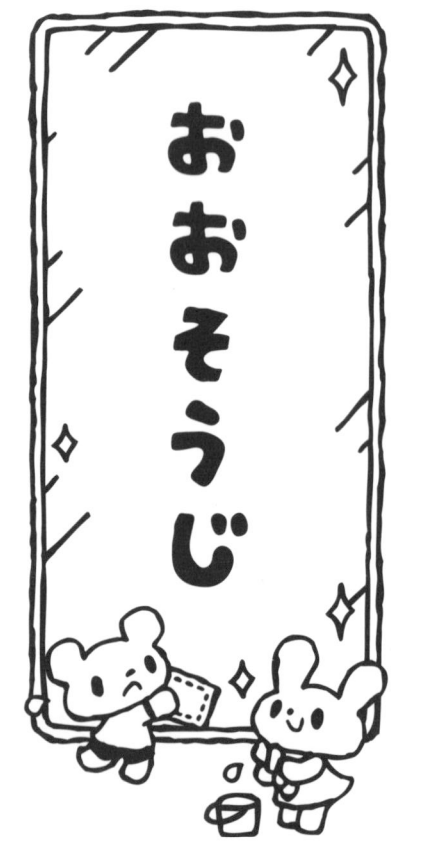

おおそうじ

上下セット…12_05a_B
上のみ…12_05b_B
下のみ…12_05c_B

文字あり…12_04a_B　　文字なし…12_04b_B
文字のみ…12_04c_B

12_06_B

★カラーは P38〜P39

A4 サイズ…12_07a_B
ハガキサイズ…12_07b_B

A4 サイズ…12_08a_B
ハガキサイズ…12_08b_B

A4 サイズ…12_09a_B
ハガキサイズ…12_09b_B

12_10_B

12_11_B

12_12_B

97

12月 データの場所

12月のイメージ／クリスマス／大掃除／雪

★カラーは P38〜P39

CD-ROM → 09_12月 → 12月_白黒J, 12月_白黒P

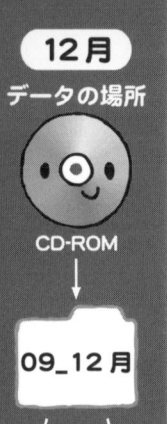

A4サイズ
…12_13a_B
ハガキサイズ
…12_13b_B

A4サイズ【文字あり】…12_14a_B／【文字なし】…12_14b_B
ハガキサイズ【文字あり】…12_14c_B／【文字なし】…12_14d_B　文字のみ…12_14e_B

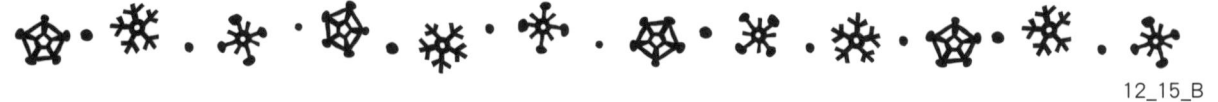

12_15_B

12_16_B

98

★カラーは P38〜P39

A4サイズ
…12_17a_B
ハガキサイズ
…12_17b_B

メリークリスマス

A4サイズ【文字あり】…12_18a_B／【文字なし】…12_18b_B
ハガキサイズ【文字あり】…12_18c_B／【文字なし】…12_18d_B　文字のみ…12_18e_B

12_19_B

12_20_B

1月

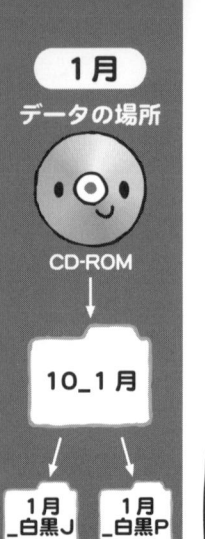

データの場所
CD-ROM
→ 10_1月
→ _1月_白黒J / _1月_白黒P

1月のイメージ／お正月／年賀状／かるた大会／もちつき

★カラーは P40〜P41

1月の行事予定

文字あり…1_01a_B　文字なし…1_01b_B　文字のみ…1_01c_B

1月の園だより

文字あり…1_02a_B
文字なし…1_02b_B
文字のみ…1_02c_B

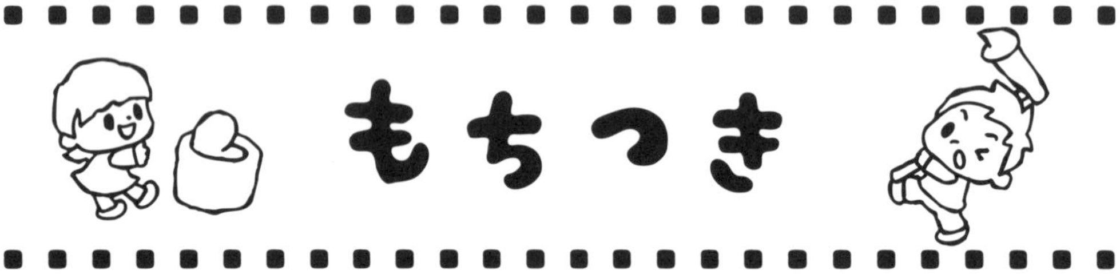

もちつき

文字あり…1_03a_B
文字なし…1_03b_B
文字のみ…1_03c_B

かるた大会

文字あり…1_04a_B　文字なし…1_04b_B
文字のみ…1_04c_B

上下セット…1_05a_B
上のみ…1_05b_B
下のみ…1_05c_B

1_06_B

100

★カラーは P40〜P41

あけまして
おめでとうございます

A4サイズ
　…1_07a_B
ハガキサイズ
　…1_07b_B

A4サイズ【文字あり】…1_08a
　　　　　【文字なし】…1_08b
ハガキサイズ【文字あり】…1_08c
　　　　　　【文字なし】…1_08d
文字のみ…1_08e

1_10_B

A4サイズ…1_09a_B
ハガキサイズ…1_09b_B

1_11_B

1_12_B

101

1月 データの場所

CD-ROM
↓
10_1月
↓ ↓
1月_白黒J　1月_白黒P

1月のイメージ／お正月／年賀状／かるた大会／もちつき

★カラーは P40〜P41

A4 サイズ
　…1_13a_B
ハガキサイズ
　…1_13b_B

はつゆめ

A4 サイズ【文字あり】…1_14a_B／【文字なし】…1_14b_B
ハガキサイズ【文字あり】…1_14c_B／【文字なし】…1_14d_B　　文字のみ…1_14e_B

1_15_B

1_16_B

A HAPPY NEW YEAR

★カラーはP40〜P41

A4サイズ【文字あり】…1_17a_B／【文字なし】…1_17b_B
ハガキサイズ【文字あり】…1_17c_B／【文字なし】…1_17d_B　文字のみ…1_17e_B

A4サイズ
　…1_18a_B
ハガキサイズ
　…1_18b_B

1_19_B

1_20_B

103

2月 データの場所

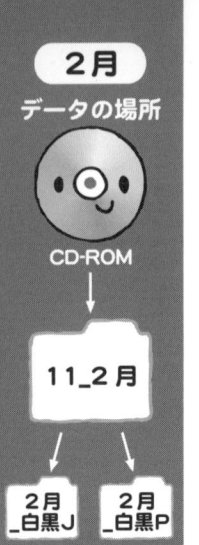

CD-ROM → 11_2月 → 2月_白黒J / 2月_白黒P

2月のイメージ／節分／発表会／インフルエンザ／バレンタイン　★カラーは P42〜P43

2月の行事予定

文字あり…2_01a_B　　文字なし…2_01b_B　　文字のみ…2_01c_B

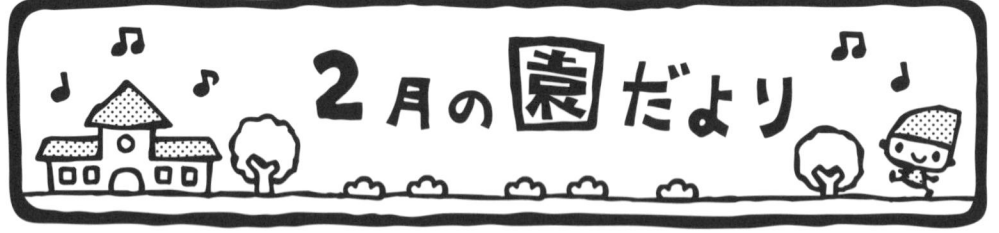

2月の園だより

文字あり…2_02a_B
文字なし…2_02b_B
文字のみ…2_02c_B

おゆうぎかい

文字あり…2_03a_B
文字なし…2_03b_B
文字のみ…2_03c_B

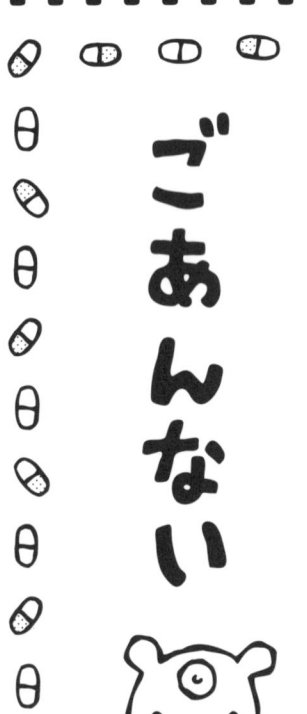

ごあんない

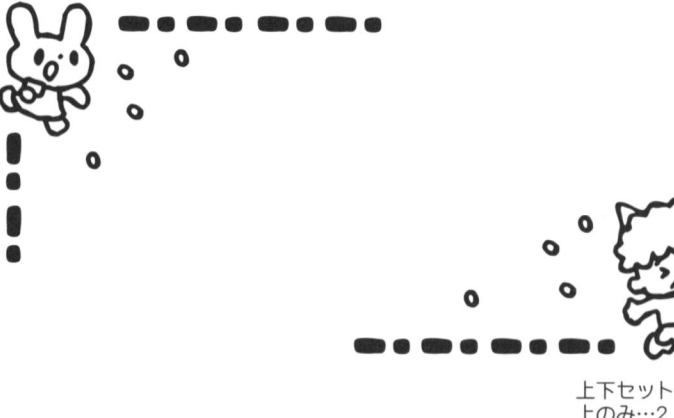

上下セット…2_05a_B
上のみ…2_05b_B
下のみ…2_05c_B

文字あり…2_04a_B　　文字なし…2_04b_B
文字のみ…2_04c_B

2_06_B

104

★カラーはP42〜P43

A4サイズ
…2_07a_B
ハガキサイズ
…2_07b_B

A4サイズ…2_08a_B
ハガキサイズ…2_08b_B

2_10_B

A4サイズ…2_09a_B
ハガキサイズ…2_09b_B

2_11_B

2_12_B

105

2月

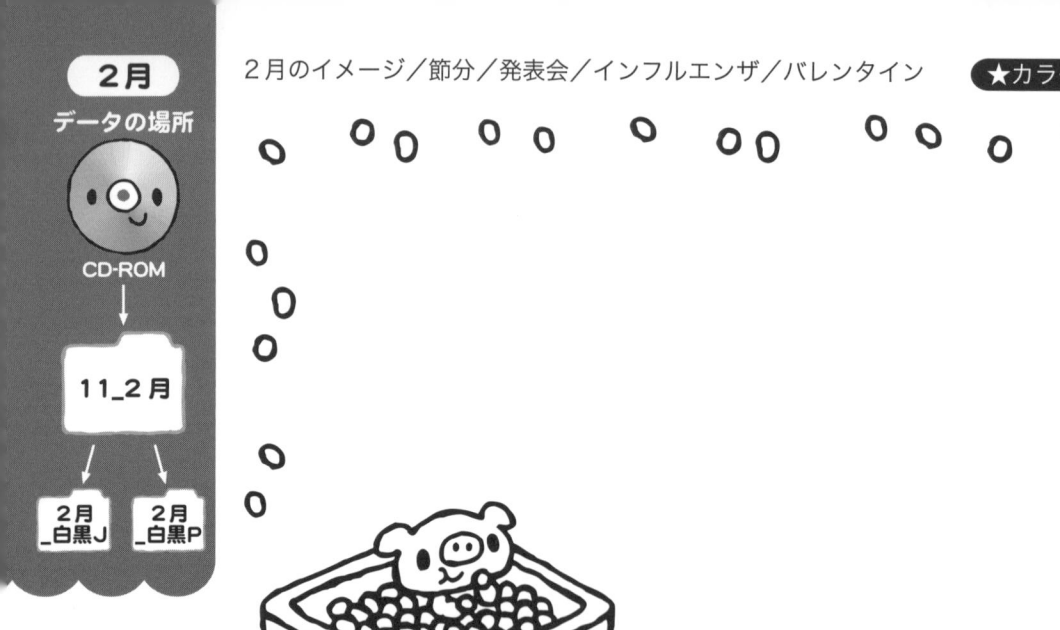

データの場所

CD-ROM
↓
11_2月
↓ ↓
2月_白黒J 2月_白黒P

2月のイメージ／節分／発表会／インフルエンザ／バレンタイン

★カラーは P42〜P43

A4サイズ
…2_13a_B
ハガキサイズ
…2_13b_B

A4サイズ
…2_14a_B
ハガキサイズ
…2_14b_B

2_15_B

2_16_B

106

★カラーは P42〜P43

A4 サイズ
　…2_17a_B
ハガキサイズ
　…2_17b_B

A4 サイズ
　…2_18a_B
ハガキサイズ
　…2_18b_B

2_19_B

2_20_B

107

3月

データの場所

CD-ROM

↓

12_3月

↓ ↓

3月_白黒J　3月_白黒P

3月のイメージ／ひなまつり／卒園

★カラーは P44〜P45

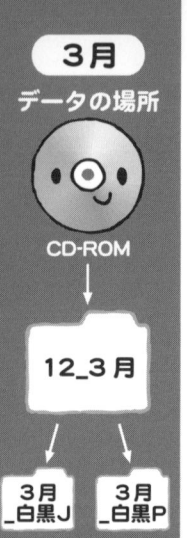

3月の行事予定

文字あり…3_01a_B　文字なし…3_01b_B　文字のみ…3_01c_B

3月の園だより

文字あり…3_02a_B
文字なし…3_02b_B
文字のみ…3_02c_B

そつえんしき

文字あり…3_03a_B
文字なし…3_03b_B
文字のみ…3_03c_B

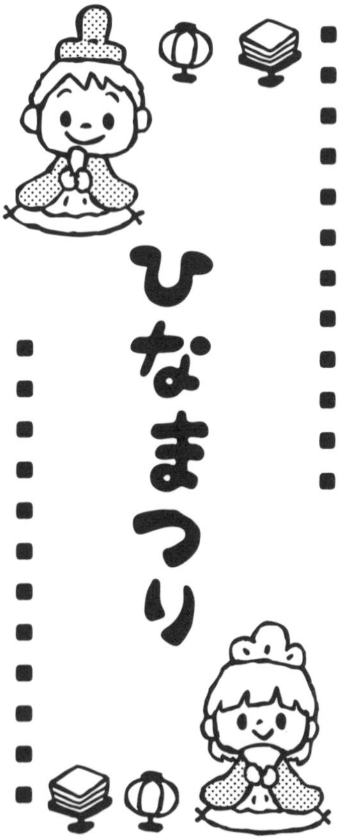

ひなまつり

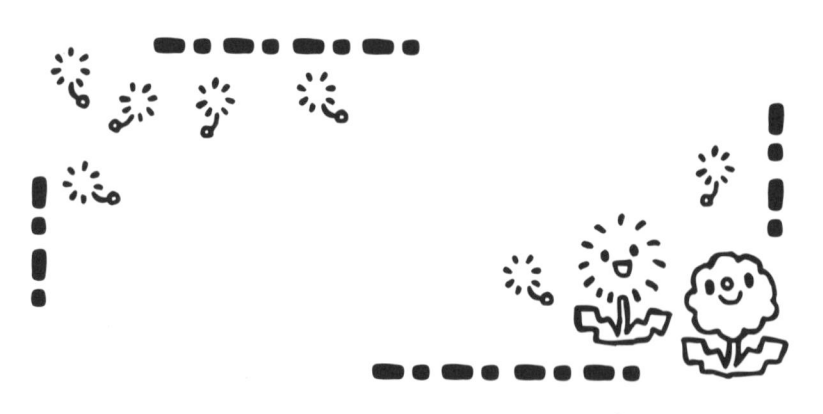

上下セット…3_05a_B
上のみ…3_05b_B
下のみ…3_05c_B

文字あり…3_04a_B　文字なし…3_04b_B
文字のみ…3_04c_B

3_06_B

108

★カラーは P44〜P45

A4 サイズ
　…3_07a_B
ハガキサイズ
　…3_07b_B

A4 サイズ…3_08a_B
ハガキサイズ…3_08b_B

3_10_B

A4 サイズ…3_09a_B
ハガキサイズ…3_09b_B

3_11_B

3_12_B

3月 データの場所 CD-ROM → 12_3月 → 3月_白黒J / 3月_白黒P

3月のイメージ／ひなまつり／卒園

★カラーはP44〜P45

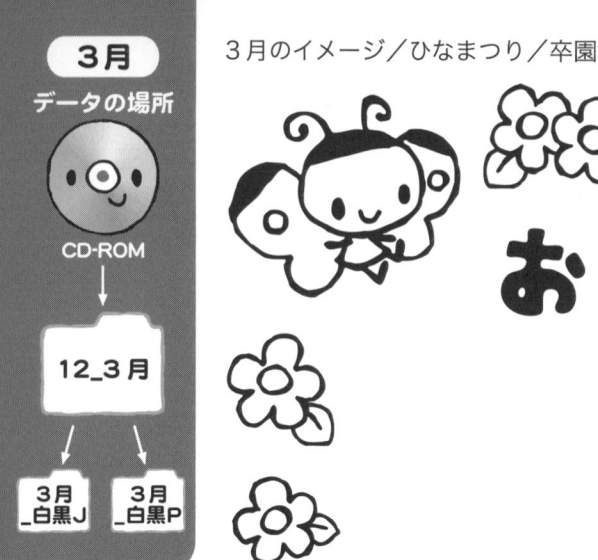

おしらせ

A4サイズ【文字あり】…3_13a_B／【文字なし】…3_13b_B
ハガキサイズ【文字あり】…3_13c_B／【文字なし】…3_13d_B　文字のみ…3_13e_B

A4サイズ…3_14a_B
ハガキサイズ…3_14b_B

3_15_B

3_16_B

★カラーはP44〜P45

A4 サイズ
　…3_17a_B
ハガキサイズ
　…3_17b_B

A4 サイズ
　…3_18a_B
ハガキサイズ
　…3_18b_B

3_19_B

3_20_B

111

フリー
データの場所

CD-ROM

13 フリー

フリー_白黒J フリー_白黒P

何にでも使えるシンプルなフレーム・飾り罫

★カラーは P46〜P47

free_01_B

free_02_B

free_04_B

free_03_B

free_05_B

A4 サイズ
　…free_06a_B
ハガキサイズ
　…free_06b_B

A4 サイズ
　…free_07a_B
ハガキサイズ
　…free_07b_B

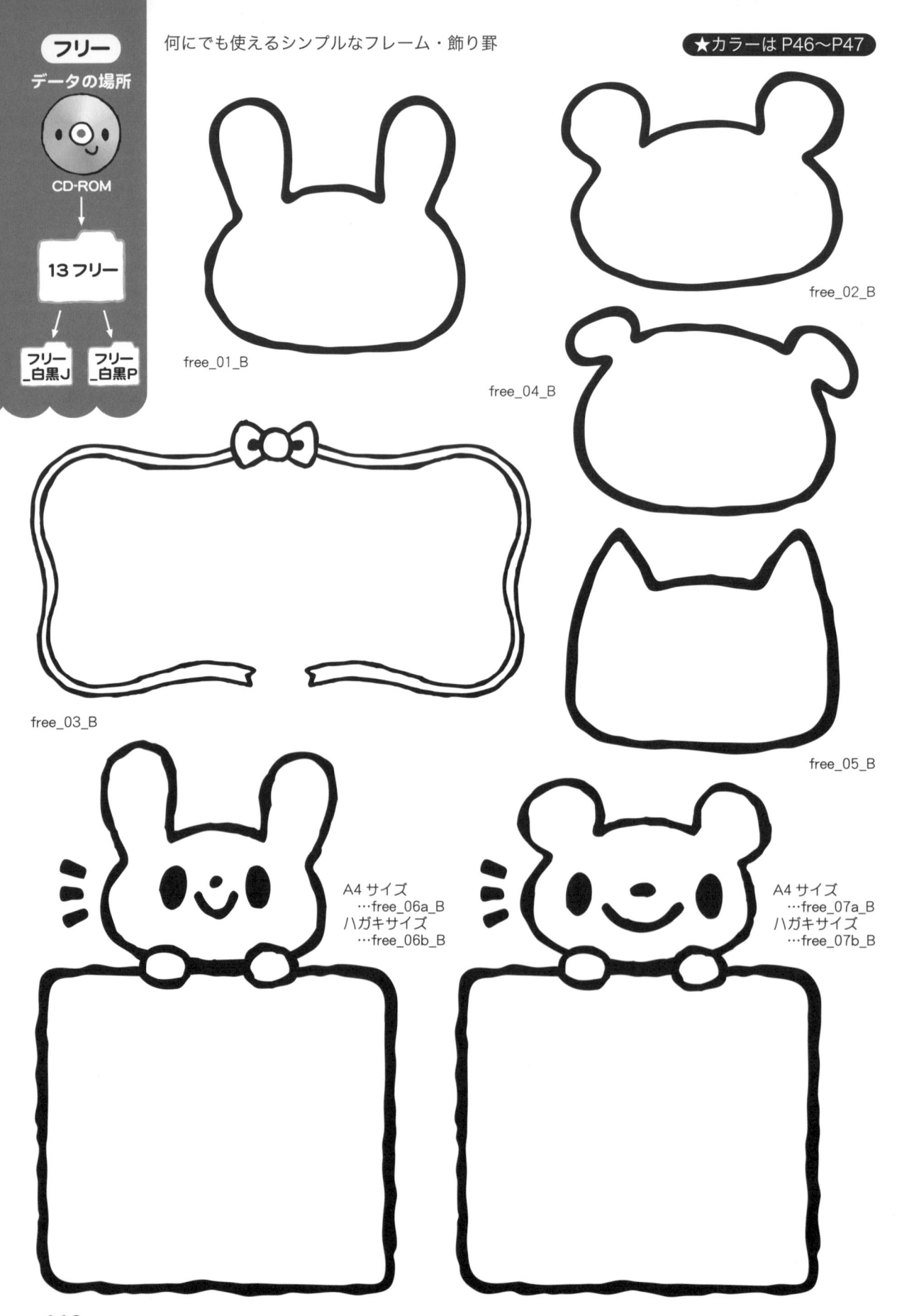

★カラーは P46〜P47

A4 サイズ…free_08a_B
ハガキサイズ…free_08b_B

free_09_B

A4 サイズ…free_10a_B
ハガキサイズ…free_10b_B

113

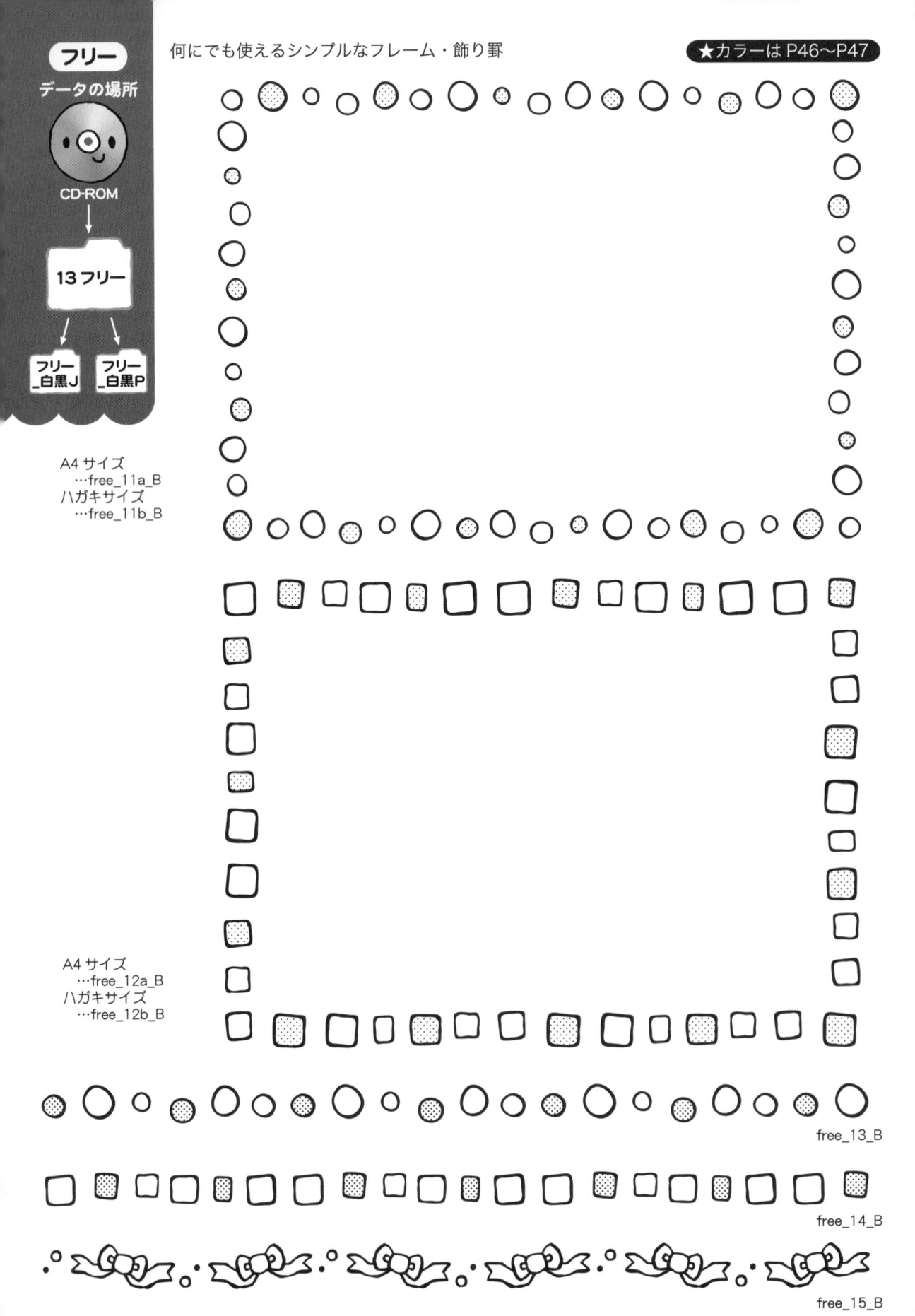

フリー 何にでも使えるシンプルなフレーム・飾り罫 ★カラーは P46〜P47

データの場所

CD-ROM
↓
13 フリー
↓ ↓
フリー_白黒J フリー_白黒P

A4サイズ
　…free_11a_B
ハガキサイズ
　…free_11b_B

A4サイズ
　…free_12a_B
ハガキサイズ
　…free_12b_B

free_13_B

free_14_B

free_15_B

114

★カラーは P46〜P47

free_16_B

free_17_B

A4 サイズ…free_18a_B
ハガキサイズ…free_18b_B

free_19_B

free_20_B

A4 サイズ…free_21a_B
ハガキサイズ…free_21b_B

free_22_B

free_23_B

free_24_B

115

生活
データの場所

CD-ROM
↓
14 生活
↓　↓
生活_白黒J　生活_白黒P

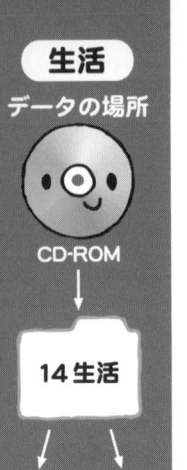

登下校／衛生

★カラーは P48〜P49

A4 サイズ
　…sei_01a_B
ハガキサイズ
　…sei_01b_B

てあらい・うがい

A4 サイズ【文字あり】…sei_02a_B ／【文字なし】…sei_02b_B
ハガキサイズ【文字あり】…sei_02c_B ／【文字なし】…sei_02d_B　　文字のみ…sei_02e_B

sei_03_B

sei_04_B

116

お弁当／運動　　　　　　　　　　　　　　　　　　　　　　　　　　　　　　　　　★カラーは P48〜P49

今月のこんだて

A4サイズ【文字あり】…sei_05a_B／【文字なし】…sei_05b_B
ハガキサイズ【文字あり】…sei_05c_B／【文字なし】…sei_05d_B　　文字のみ…sei_05e_B

A4サイズ
　…sei_06a_B
ハガキサイズ
　…sei_06b_B

sei_07_B

sei_08_B

生活

データの場所

CD-ROM
↓
14生活
↓ ↓
生活_白黒J 生活_白黒P

お昼寝／お掃除

★カラーは P48～P49

A4 サイズ
　…sei_09a_B
ハガキサイズ
　…sei_09b_B

A4 サイズ
　…sei_10a_B
ハガキサイズ
　…sei_10b_B

sei_11_B

sei_12_B

118

お当番／飼育

★カラーはP48～P49

おとうばん

A4サイズ【文字あり】…sei_13a_B／【文字なし】…sei_13b_B
ハガキサイズ【文字あり】…sei_13c_B／【文字なし】…sei_13d_B　　文字のみ…sei_13e_B

A4サイズ
　…sei_14a_B
ハガキサイズ
　…sei_14b_B

sei_15_B

sei_16_B

119

生活
データの場所
CD-ROM
↓
14生活
↓　　↓
生活_白黒J　生活_白黒P

衣替え／屋外遊び

★カラーはP48〜P49

ころもがえ

A4サイズ【文字あり】…sei_17a_B／【文字なし】…sei_17b_B
ハガキサイズ【文字あり】…sei_17c_B／【文字なし】…sei_17d_B　　文字のみ…sei_17e_B

A4サイズ
　…sei_18a_B
ハガキサイズ
　…sei_18b_B

sei_19_B

sei_20_B

120

持ち物／屋内遊び

★カラーは P48〜P49

A4サイズ【文字あり】…sei_21a_B ／【文字なし】…sei_21b_B
ハガキサイズ【文字あり】…sei_21c_B ／【文字なし】…sei_21d_B　　文字のみ…sei_21e_B

A4サイズ
　…sei_22a_B
ハガキサイズ
　…sei_22b_B

sei_23_B

sei_24_B

121

知育

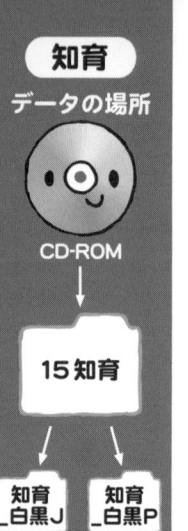

データの場所

CD-ROM
↓
15 知育
↓ ↓
知育_白黒J　知育_白黒P

読み聞かせ／お絵描き

★カラーは P50

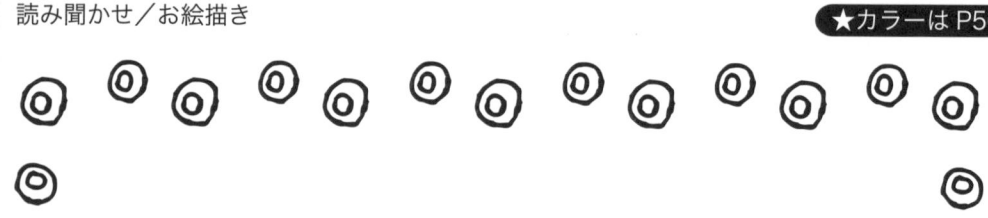

A4 サイズ
　…chi_01a_B
ハガキサイズ
　…chi_01b_B

A4 サイズ
　…chi_02a_B
ハガキサイズ
　…chi_02b_B

chi_03_B

chi_04_B

122

ペープサート／パネルシアター　　　★カラーは P50

A4 サイズ
　…chi_05a_B
ハガキサイズ
　…chi_05b_B

A4 サイズ
　…chi_06a_B
ハガキサイズ
　…chi_06b_B

chi_07_B

chi_08_B

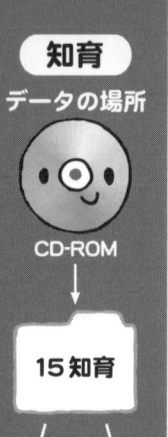

知育
データの場所
CD-ROM
↓
15知育
↓ ↓
知育_白黒J 知育_白黒P

英語／日本語

★カラーは P50

A4 サイズ
　…chi_09a_B
ハガキサイズ
　…chi_09b_B

A B C D E F G H I J K L M N O P Q R
Z Y X W V U T S

えおかきくけこさしすせそ
うい　　　　　　　　　　たち
あ　　　　　　　　　　　　つ
のねぬになとて

A4 サイズ
　…chi_10a_B
ハガキサイズ
　…chi_10b_B

A B C D E　F G H I J　K L M N O　P Q R S T

chi_11_B

あいうえお　かきくけこ　さしすせそ　たちつてと

chi_12_B

入園児面接／指導

★カラーは P51

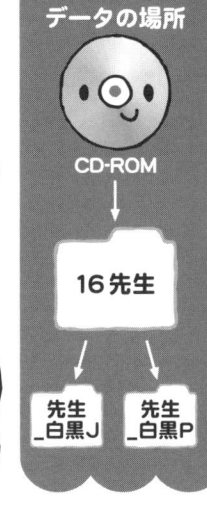

先生
データの場所
CD-ROM
↓
16先生
↓　　↓
先生_白黒J　先生_白黒P

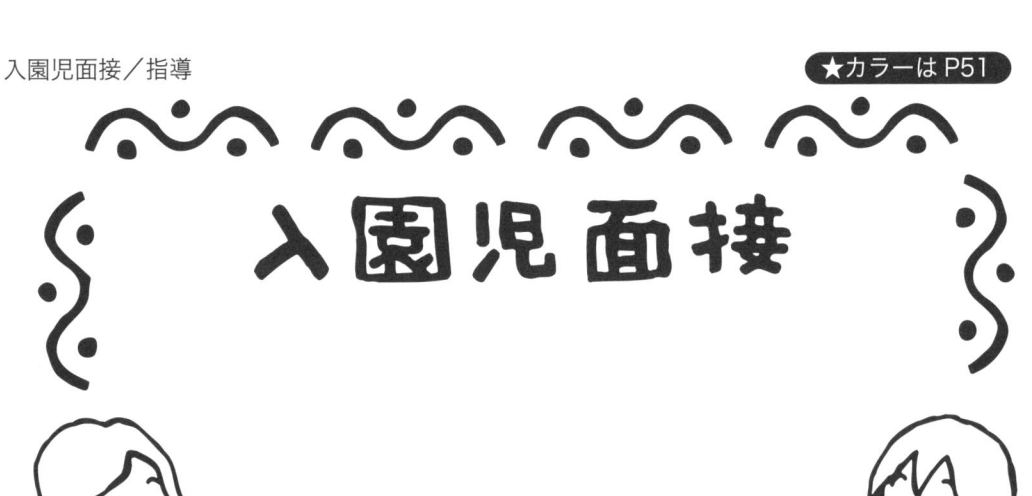

入園児面接

A4サイズ【文字あり】…sen_01a_B／【文字なし】…sen_01b_B
ハガキサイズ【文字あり】…sen_01c_B／【文字なし】…sen_01d_B　文字のみ…sen_01e_B

A4サイズ…sen_02a_B
ハガキサイズ…sen_02b_B

sen_03_B

sen_04_B

125

先生
データの場所
CD-ROM
↓
16先生
↓　　↓
先生_白黒J　先生_白黒P

個人面談／指導

★カラーはP51

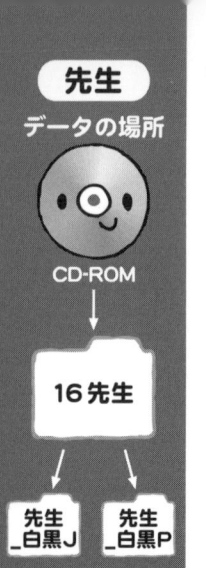

個人面談

A4サイズ【文字あり】…sen_05a_B／【文字なし】…sen_05b_B
ハガキサイズ【文字あり】…sen_05c_B／【文字なし】…sen_05d_B　　文字のみ…sen_05e_B

A4サイズ
　…sen_06a_B
ハガキサイズ
　…sen_06b_B

sen_07_B

sen_08_B

126　個人面談／指導

家庭訪問／指導 ★カラーはP51

家庭訪問に うかがいます

A4サイズ【文字あり】…sen_09a_B ／【文字なし】…sen_09b_B
ハガキサイズ【文字あり】…sen_09c_B ／【文字なし】…sen_09d_B　　文字のみ…sen_09e_B

A4サイズ
　…sen_10a_B
ハガキサイズ
　…sen_10b_B

sen_11_B

sen_12_B

127

| 誕生 | お誕生日 | ★カラーはP52 |

データの場所

CD-ROM
↓
17誕生
↓ ↓
誕生_白黒J 誕生_白黒P

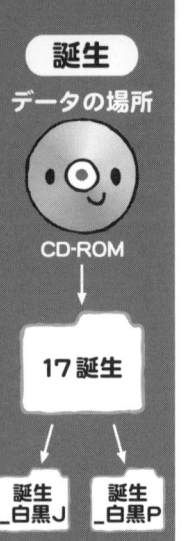

A4 サイズ
　…tan_01a_B
ハガキサイズ
　…tan_01b_B

HAPPY BIRTHDAY

A4 サイズ【文字あり】…tan_02a_B／【文字なし】…tan_02b_B
ハガキサイズ【文字あり】…tan_02c_B／【文字なし】…tan_02d_B　　文字のみ…tan_02e_B

tan_03_B

tan_04_B

お誕生日／赤ちゃん／乳幼児保育　　★カラーは P52

おたんじょうび
おめでとう

A4サイズ【文字あり】…tan_05a_B／【文字なし】…tan_05b_B
ハガキサイズ【文字あり】…tan_05c_B／【文字なし】…tan_05d_B　　文字のみ…tan_05e_B

A4サイズ
　…tan_06a_B
ハガキサイズ
　…tan_06b_B

tan_07_B

tan_08_B

129

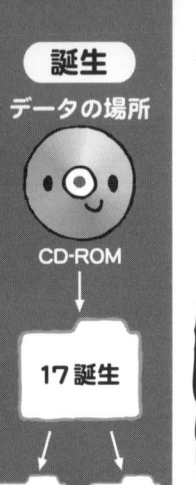

誕生
データの場所
CD-ROM
17 誕生
誕生_白黒J / 誕生_白黒P

赤ちゃん／乳幼児保育　　　★カラーは P52

A4サイズ …tan_09a_B
ハガキサイズ …tan_09b_B

A4サイズ …tan_10a_B
ハガキサイズ …tan_10b_B

tan_11_B

tan_12_B

130

ひらがな　　　　　　　　　　　　　　　★カラーはP53〜56

あ	い	う	え	お
moji_001_B	moji_002_B	moji_003_B	moji_004_B	moji_005_B
か	き	く	け	こ
moji_006_B	moji_007_B	moji_008_B	moji_009_B	moji_010_B
さ	し	す	せ	そ
moji_011_B	moji_012_B	moji_013_B	moji_014_B	moji_015_B
た	ち	つ	て	と
moji_016_B	moji_017_B	moji_018_B	moji_019_B	moji_020_B
な	に	ぬ	ね	の
moji_021_B	moji_022_B	moji_023_B	moji_024_B	moji_025_B
は	ひ	ふ	へ	ほ
moji_027_B	moji_028_B	moji_029_B	moji_030_B	moji_031_B
ま	み	む	め	も
moji_033_B	moji_034_B	moji_035_B	moji_036_B	moji_037_B
や		ゆ		よ
moji_039_B		moji_040_B		moji_041_B
ら	り	る	れ	ろ
moji_042_B	moji_043_B	moji_044_B	moji_045_B	moji_046_B

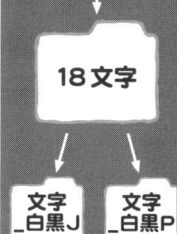

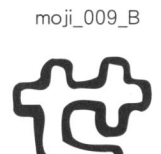

わ　moji_026_B
を　moji_032_B
ん　moji_038_B

文字
データの場所
CD-ROM
→ 18文字
→ 文字_白黒J　文字_白黒P

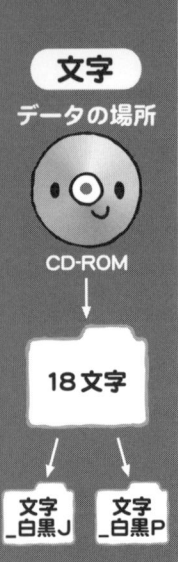

文字 / データの場所 / CD-ROM / 18文字 / 文字_白黒J / 文字_白黒P

ひらがな／その他　　★カラーはP53～56

が	ぎ	ぐ	げ	ご
moji_047_B	moji_048_B	moji_049_B	moji_050_B	moji_051_B
ざ	じ	ず	ぜ	ぞ
moji_052_B	moji_053_B	moji_054_B	moji_055_B	moji_056_B
だ	ぢ	づ	で	ど
moji_057_B	moji_058_B	moji_059_B	moji_060_B	moji_061_B

↑ moji_062_B

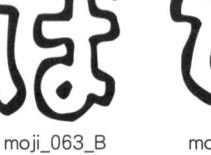

ば	び	ぶ	べ	ぼ
moji_063_B	moji_064_B	moji_065_B	moji_066_B	moji_067_B

↓ moji_068_B

ぱ	ぴ	ぷ	ぺ	ぽ
moji_069_B	moji_070_B	moji_071_B	moji_072_B	moji_073_B

← moji_074_B

あ	い	う	え	お
moji_075_B	moji_076_B	moji_077_B	moji_078_B	moji_079_B

→ moji_080_B

や	ゆ	よ	っ	ー
moji_081_B	moji_082_B	moji_083_B	moji_084_B	moji_085_B

、 moji_086_B

・	，	？	！	。
moji_087_B	moji_088_B	moji_089_B	moji_090_B	moji_091_B

／	－	「	」	〈	〉
moji_092_B	moji_093_B	moji_094_B	moji_095_B	moji_096_B	moji_097_B

カタカナ　　　　　　　　　　　　　　　　　　　★カラーはP53〜56

ア	イ	ウ	エ	オ
moji_098_B	moji_099_B	moji_100_B	moji_101_B	moji_102_B
カ	キ	ク	ケ	コ
moji_103_B	moji_104_B	moji_105_B	moji_106_B	moji_107_B
サ	シ	ス	セ	ソ
moji_108_B	moji_109_B	moji_110_B	moji_111_B	moji_112_B
タ	チ	ツ	テ	ト
moji_113_B	moji_114_B	moji_115_B	moji_116_B	moji_117_B
ナ	ニ	ヌ	ネ	ノ	ワ
moji_118_B	moji_119_B	moji_120_B	moji_121_B	moji_122_B	moji_123_B
ハ	ヒ	フ	ヘ	ホ	ヲ
moji_124_B	moji_125_B	moji_126_B	moji_127_B	moji_128_B	moji_129_B
マ	ミ	ム	メ	モ	ン
moji_130_B	moji_131_B	moji_132_B	moji_133_B	moji_134_B	moji_135_B
ヤ		ユ		ヨ
moji_136_B		moji_137_B		moji_138_B
ラ	リ	ル	レ	ロ
moji_139_B	moji_140_B	moji_141_B	moji_142_B	moji_143_B

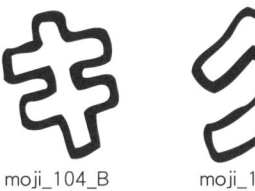

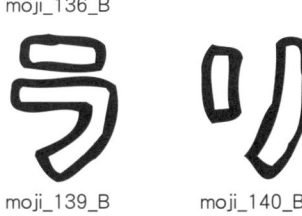

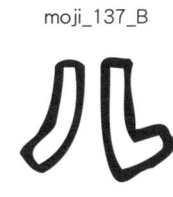

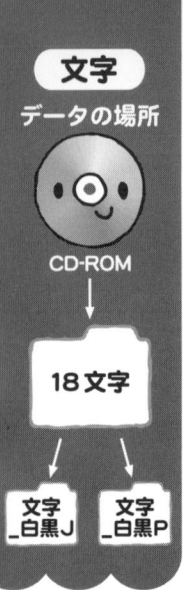

文字
データの場所
CD-ROM
→ 18文字
→ 文字_白黒J
→ 文字_白黒P

カタカナ／その他　　　　　　　　　　　　　　　　　　　★カラーはP53〜56

ガ	ギ	グ	ゲ	ゴ
moji_144_B	moji_145_B	moji_146_B	moji_147_B	moji_148_B
ザ	ジ	ズ	ゼ	ゾ
moji_149_B	moji_150_B	moji_151_B	moji_152_B	moji_153_B
ダ	ヂ	ヅ	デ	ド
moji_154_B	moji_155_B	moji_156_B	moji_157_B	moji_158_B
バ	ビ	ブ	ベ	ボ
moji_159_B	moji_160_B	moji_161_B	moji_162_B	moji_163_B
パ	ピ	プ	ペ	ポ
moji_165_B	moji_166_B	moji_167_B	moji_168_B	moji_169_B

☀ moji_164_B
☁ moji_170_B
☂ moji_176_B
⛄ moji_182_B

ア	イ	ウ	エ	オ
moji_171_B	moji_172_B	moji_173_B	moji_174_B	moji_175_B
ャ	ュ	ョ	ッ	ー
moji_177_B	moji_178_B	moji_179_B	moji_180_B	moji_181_B
♥	☆	☾	♪	♫
moji_183_B	moji_184_B	moji_185_B	moji_186_B	moji_187_B
＋	－	×	÷	＝
moji_188_B	moji_189_B	moji_190_B	moji_191_B	moji_192_B

アルファベット　　　　　　　　　　　　　　　　　　　　★カラーはP53〜56

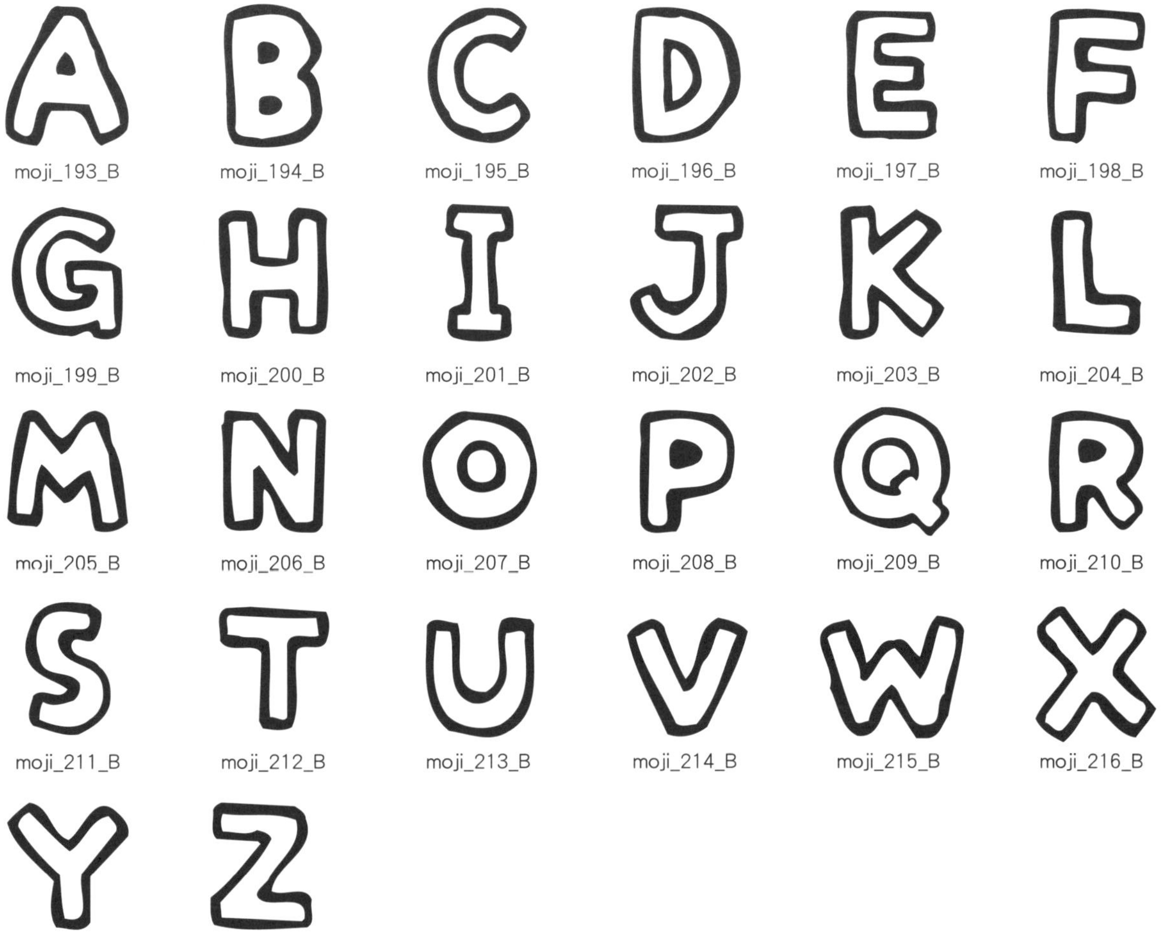

A	B	C	D	E	F
moji_193_B	moji_194_B	moji_195_B	moji_196_B	moji_197_B	moji_198_B
G	H	I	J	K	L
moji_199_B	moji_200_B	moji_201_B	moji_202_B	moji_203_B	moji_204_B
M	N	O	P	Q	R
moji_205_B	moji_206_B	moji_207_B	moji_208_B	moji_209_B	moji_210_B
S	T	U	V	W	X
moji_211_B	moji_212_B	moji_213_B	moji_214_B	moji_215_B	moji_216_B
Y	Z				
moji_217_B	moji_218_B				

a	b	c	d	e	f	g
moji_219_B	moji_220_B	moji_221_B	moji_222_B	moji_223_B	moji_224_B	moji_225_B
h	i	j	k	l	m	n
moji_226_B	moji_227_B	moji_228_B	moji_229_B	moji_230_B	moji_231_B	moji_232_B
o	p	q	r	s	t	u
moji_233_B	moji_234_B	moji_235_B	moji_236_B	moji_237_B	moji_238_B	moji_239_B
v	w	x	y	z		
moji_240_B	moji_241_B	moji_242_B	moji_243_B	moji_244_B		

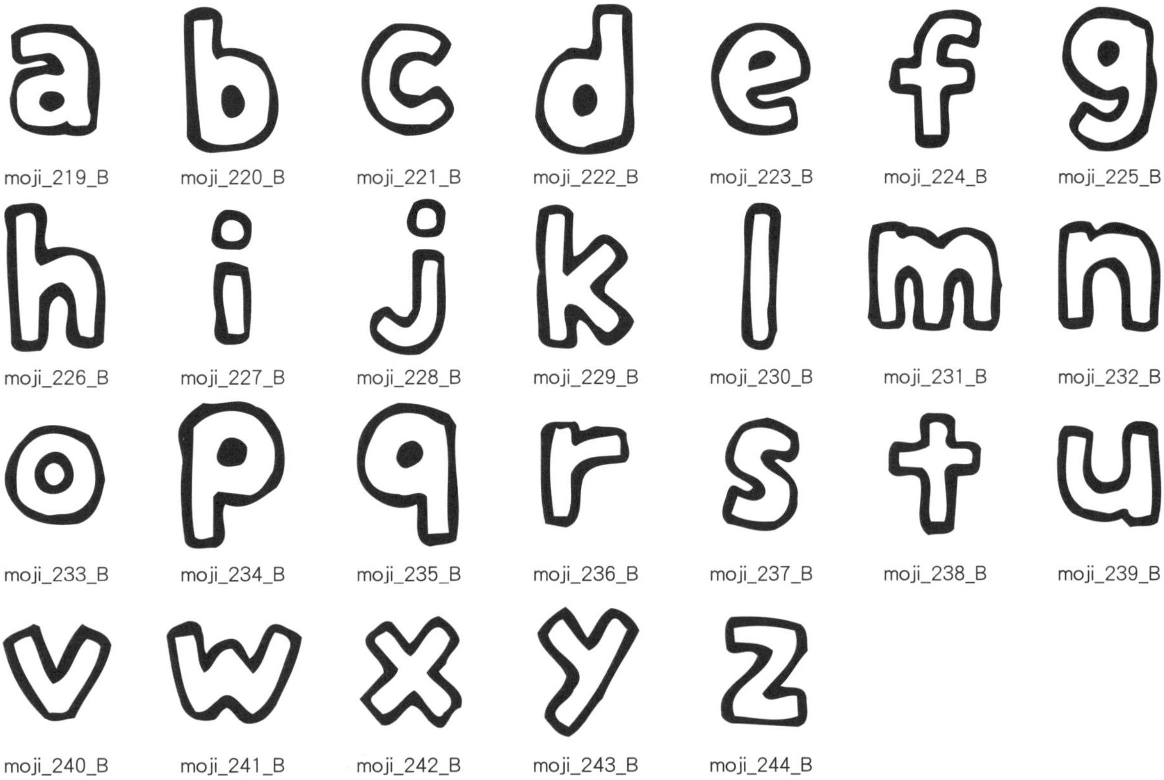

文字
データの場所
CD-ROM
→
18文字
↓ ↓
文字_白黒J 文字_白黒P

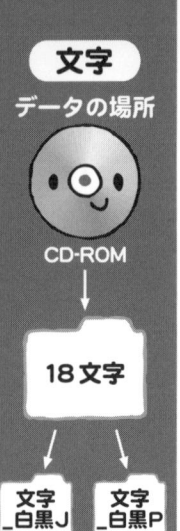

数字／その他

★カラーはP53〜56

0	1	2	3	4
moji_245_B	moji_246_B	moji_247_B	moji_248_B	moji_249_B
5	6	7	8	9
moji_250_B	moji_251_B	moji_252_B	moji_253_B	moji_254_B
10	11	12	13	14
moji_255_B	moji_256_B	moji_257_B	moji_258_B	moji_259_B
15	16	17	18	19
moji_260_B	moji_261_B	moji_262_B	moji_263_B	moji_264_B
20	21	22	23	24	25
moji_265_B	moji_266_B	moji_267_B	moji_268_B	moji_269_B	moji_270_B
26	27	28	29	30	31
moji_271_B	moji_272_B	moji_273_B	moji_274_B	moji_275_B	moji_276_B

 たいへんよくできました★	 よくできました★	 もうすこし★	 がんばりましょう★
moji_277_B	moji_278_B	moji_279_B	moji_280_B

組み文字 ★カラーはP53〜56

ねん / moji_281_B 
がつ / moji_282_B 
にち / moji_283_B 
ようび / moji_284_B 
月 / moji_285_B 
火 / moji_286_B 
水 / moji_287_B 
木 / moji_288_B 
金 / moji_289_B 
土 / moji_290_B 
日 / moji_291_B 
おとうばん / moji_292_B 
くん / moji_293_B 
せんせい / moji_294_B
ちゃん / moji_295_B 
おてんき / moji_296_B  
さん / moji_297_B 
はれ / moji_298_B 
くもり / moji_299_B 
あめ / moji_300_B 
ゆき / moji_301_B

文字 タイトル文字／その他　　　★カラーは P53～56

文字データの場所 CD-ROM
18文字
文字_白黒J　文字_白黒P

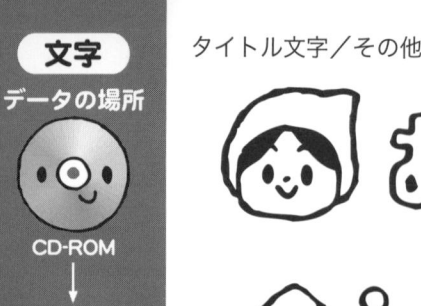

あかずきん　moji_302_B

かさじぞう　moji_303_B

3びきのこぶた　moji_304_B

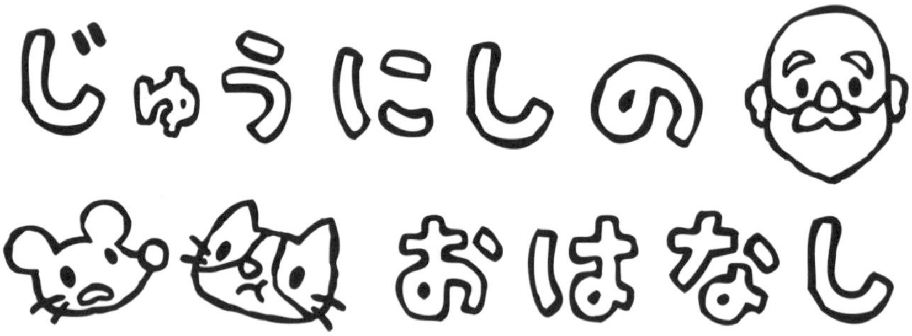

じゅうにしのおはなし　moji_305_B

moji_306_B

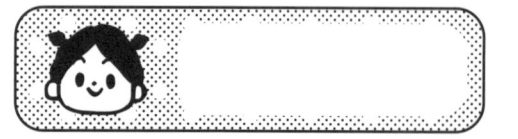

moji_307_B

moji_308_B

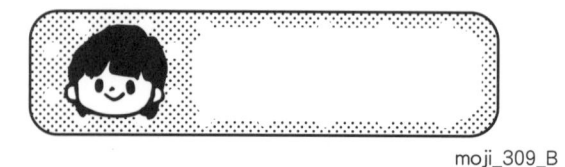

moji_309_B

moji_310_B

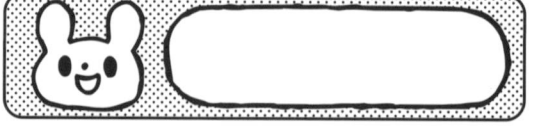

moji_311_B

moji_312_B

moji_313_B

138

ペープサート
パネルシアター

白黒

絵人形の作り方（型紙の使い方）

※ペープサートとパネルシアターの作り方は、手順4を除いて共通です。

1 CD-ROMからプリントアウトして使う場合

CD-ROMから型紙をそれぞれの用紙にプリントアウトします。
（CD-ROMの型紙データは、枠ありも枠なしも全てA4サイズで収録されています。用途に合わせて枠のありなしを選び、拡大・縮小してお使いください。）

→カラーデータをプリントした場合は3へ。
→白黒データをプリントした場合は2へ。

~ご注意ください~
パネルシアターで使用するPペーパーに、プリンターやコピー機で印刷する際は、必ず「手差しトレイ」をご利用ください。また、お使いの機種によっては、インクが乾くまでに時間がかかる場合がございます。

枠なしデータがおすすめ！　　　枠ありデータ

絵柄の線どおりに切る　　まわりを2〜3mm残して切る　　枠線に沿って切る

→パネルシアターで、絵柄が片面のみの場合は3でできあがりです！
→ペープサートの場合は4・5へ。
→パネルシアターで表裏貼り合わせる場合は5へ。

紙面をコピー機でコピーして使う場合

本書P141〜P159の白黒の型紙を拡大コピーします。

※紙面に右のような形で掲載している型紙（キャラクター）は、240％拡大コピーでA4サイズになります。

※紙面に右のような形で掲載している型紙（背景）は、190％拡大コピーでA4サイズ、250％拡大コピーでA3サイズになります。

→2へ。

~ワンポイントアドバイス~
はじめに本書を等倍（100％）でコピーし、切り離して拡大コピーすると、絵柄が歪んだり切れたりせず、上手くいきます。

~ご注意ください~
本書P59〜P62のカラーの型紙は、掲載サイズが小さいのでコピー機でコピーしてお使いになるには不向きです。カラーの場合は、CD-ROMからのプリントアウトをおすすめします。

4 ※ペープサートのみ

貼り合わせる前に、ペープサートの場合は、持ち手を取りつけます。

のりづけ面

竹串やわりばしは、貼り合わせる際に、紙の部分に塗るのりを多めにして、一緒に貼り合わせても構いませんが、あらかじめガムテープなどで固定しておくと、抜けにくくなります。

ガムテープやセロハンテープなど、しっかりとまるもの

5 表の絵と裏の絵を貼り合わせます。

のりは部分的ではなく、貼付けたい面の全面にまんべんなく塗りましょう。
のりが乾けば、できあがりです！

~ワンポイントアドバイス~
ペープサートで絵柄を片面のみにする場合は、裏面に無地の紙を貼り合わせましょう。裏の竹串やわりばしがかくれて見栄えがぐっとよくなり、絵人形の強度もあがります。

~ご注意ください~
貼り合わせに使用するのりは、なるべく無色のものをお使いください。乾いた後に、表面から色が透ける場合がございます。また、液体のりをパネルシアターのPペーパーに使用した場合、表面にしみ出す場合がございますので、ご注意ください。

2 着色します。

3 切り取ります。

切り取り方は右上の3パターンが一般的です。1つの劇の中では、切り方を揃えた方が見栄えがいいでしょう。異なる絵柄を表裏貼り合わせする場合には、絵柄の線でなく［枠あり］データの枠線に沿って切れば、枠の形と大きさが揃っているので、簡単にきれいに貼り合わせることができます。

※作り方はあくまでも一例です。貼り合わせてから切り取っても構いませんし、しかけを加えるなど、ご自由にお使いください。

| データの場所 💿 → 19 赤ずきん → 赤ずきん_白黒J | ★カラーはP59 | 赤ずきん |

枠あり…aka_01a_B　枠なし…aka_01b_B

枠あり…aka_02a_B　枠なし…aka_02b_B

枠あり…aka_03a_B　枠なし…aka_03b_B

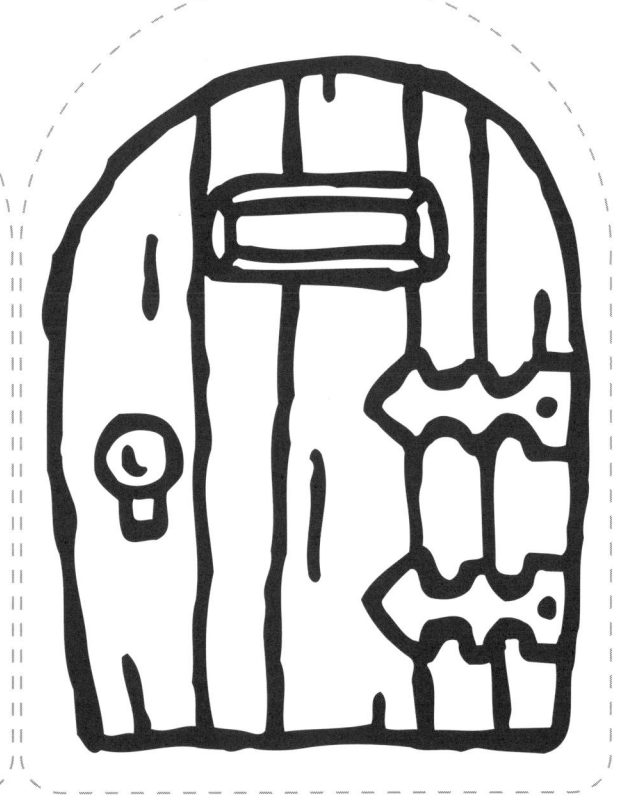

枠あり…aka_04a_B　枠なし…aka_04b_B

コピー　キャラクター：240％→A4サイズ　　背景：190％→A4サイズ、250％→A3サイズ

141

| 赤ずきん | ★カラーは P59 | データの場所 → 19 赤ずきん → 赤ずきん_白黒J |

枠あり…aka_05a_B　枠なし…aka_05b_B

枠あり…aka_06a_B　枠なし…aka_06b_B

枠あり…aka_07a_B　枠なし…aka_07b_B

枠あり…aka_08a_B　枠なし…aka_08b_B

| データの場所 💿 → 19 赤ずきん → 赤ずきん_白黒J | ★カラーは P59 | 赤ずきん |

枠あり…aka_09a_B　枠なし…aka_09b_B

枠あり…aka_10a_B　枠なし…aka_10b_B

枠あり…aka_11a_B　枠なし…aka_11b_B

コピー　キャラクター：240%→ A4サイズ　　背景：190%→ A4サイズ、250%→ A3サイズ

赤ずきん　★カラーは P59　データの場所 → 19 赤ずきん → 赤ずきん_白黒J

枠あり…aka_12a_B　枠なし…aka_12b_B

枠あり…aka_13a_B　枠なし…aka_13b_B

| データの場所 💿 → 20 かさじぞう → かさじぞう_白黒J | ★カラーはP60 | **かさじぞう** |

枠あり…kasa_01a_B　枠なし…kasa_01b_B

枠あり…kasa_02a_B　枠なし…kasa_02b_B

枠あり…kasa_03a_B　枠なし…kasa_03b_B

枠あり…kasa_04a_B　枠なし…kasa_04b_B

コピー ▶ キャラクター：240％→ A4サイズ　　背景：190％→ A4サイズ、250％→ A3サイズ

| かさじぞう | ★カラーは P60 | データの場所 💿 → 20 かさじぞう → かさじぞう_白黒J |

枠あり…kasa_05a_B　枠なし…kasa_05b_B

枠あり…kasa_06a_B　枠なし…kasa_06b_B

枠あり…kasa_07a_B　枠なし…kasa_07b_B

枠あり…kasa_08a_B　枠なし…kasa_08b_B

| データの場所 💿 → 20 かさじぞう → かさじぞう_白黒J | ★カラーは P60 | **かさじぞう** |

枠あり…kasa_09a_B　枠なし…kasa_09b_B

枠あり…kasa_10a_B　枠なし…kasa_10b_B

コピー　キャラクター：240％→ A4 サイズ　　背景：190％→ A4 サイズ、250％→ A3 サイズ

| かさじぞう | ★カラーは P60 | データの場所 💿 → 20 かさじぞう → かさじぞう_白黒J |

枠あり…kasa_11a_B　枠なし…kasa_11b_B

枠あり…kasa_12a_B　枠なし…kasa_12b_B

| データの場所 | 💿 → 20 かさじぞう → かさじぞう_白黒J | ★カラーは P60 | かさじぞう |

枠あり…kasa_13a_B 枠なし…kasa_13b_B

枠あり…kasa_14a_B 枠なし…kasa_14b_B

コピー　キャラクター：240％→ A4 サイズ　　背景：190％→ A4 サイズ、250％→ A3 サイズ

149

| 三びきのこぶた | ★カラーは P61 | データの場所 → 21三びき → 三びき_白黒J |

枠あり…san_01a_B　枠なし…san_01b_B

枠あり…san_02a_B　枠なし…san_02b_B

枠あり…san_03a_B　枠なし…san_03b_B

枠あり…san_04a_B　枠なし…san_04b_B

| データの場所 💿 → 21三びき → 三びき_白黒J | ★カラーは P61 | 三びきのこぶた |

枠あり…san_05a_B　枠なし…san_05b_B 　　　　　枠あり…san_06a_B　枠なし…san_06b_B

枠あり…san_07a_B　枠なし…san_07b_B 　　　　　枠あり…san_08a_B　枠なし…san_08b_B

コピー　キャラクター：240％→ A4 サイズ　　背景：190％→ A4 サイズ、250％→ A3 サイズ

| 三びきのこぶた | ★カラーはP61 | データの場所 | → | 21 三びき | → | 三びき_白黒J |

枠あり…san_09a_B　枠なし…san_09b_B

枠あり…san_10a_B　枠なし…san_10b_B

| データの場所 → 21 三びき → 三びき_白黒J | ★カラーは P61 | 三びきのこぶた |

枠あり…san_11a_B　枠なし…san_11b_B

枠あり…san_12a_B　枠なし…san_12b_B

コピー　キャラクター：240%→ A4サイズ　　背景：190%→ A4サイズ、250%→ A3サイズ

三びきのこぶた ★カラーは P61　データの場所 → 21三びき → 三びき_白黒J

枠あり…san_13a_B　枠なし…san_13b_B

枠あり…san_14a_B　枠なし…san_14b_B

| データの場所 💿 → 22 じゅうにし → じゅうにし_白黒J ★カラーは P62 **じゅうにしのおはなし**

枠あり…ju_01a_B　枠なし…ju_01b_B

枠あり…ju_02a_B　枠なし…ju_02b_B

枠あり…ju_03a_B　枠なし…ju_03b_B

枠あり…ju_04a_B　枠なし…ju_04b_B

コピー　キャラクター：240％→ A4 サイズ　　背景：190％→ A4 サイズ、250％→ A3 サイズ

| じゅうにしのおはなし | ★カラーは P62 | データの場所 → 22 じゅうにし → じゅうにし_白黒J |

枠あり…ju_05a_B　枠なし…ju_05b_B

枠あり…ju_06a_B　枠なし…ju_06b_B

枠あり…ju_07a_B　枠なし…ju_07b_B

枠あり…ju_08a_B　枠なし…ju_08b_B

データの場所 → 22 じゅうにし → じゅうにし_白黒J　　★カラーは P62　**じゅうにしのおはなし**

枠あり…ju_09a_B　枠なし…ju_09b_B

枠あり…ju_10a_B　枠なし…ju_10b_B

枠あり…ju_11a_B　枠なし…ju_11b_B

枠あり…ju_12a_B　枠なし…ju_12b_B

コピー　キャラクター：240％→ A4サイズ　　背景：190％→ A4サイズ、250％→ A3サイズ

| じゅうにしのおはなし | ★カラーは P62 | データの場所 💿 → 22 じゅうにし → じゅうにし_白黒J |

枠あり…ju_13a_B　枠なし…ju_13b_B

枠あり…ju_14a_B　枠なし…ju_14b_B

枠あり…ju_15a_B　枠なし…ju_15b_B

枠あり…ju_16a_B　枠なし…ju_16b_B

| データの場所 | → | 22 じゅうにし | → | じゅうにし_白黒J | ★カラーは P62 | じゅうにしのおはなし |

枠あり…ju_17a_B　枠なし…ju_17b_B

枠あり…ju_18a_B　枠なし…ju_18b_B

コピー　キャラクター：240% → A4サイズ　　背景：190% → A4サイズ、250% → A3サイズ

どんぐり。(donnguri)

イラストレーター
どんぐり。
本名：田中祐輔／1977年／栃木県生まれ
玩具企画制作会社勤務を経て、2005年よりフリーランスとなる。
雑誌・広告・メディア等のイラスト・キャラクターを制作。
自主企画である「にがおえけいかく」では、20,000人を超える似顔絵を制作。

■著書
『すくすくカットCD-ROM 保育に、育児に、おとなも使えるかわいいイラストデータ集』
マール社　2008年
『かわいくって実用的！にこにこ保育カットCD-ROM』
マール社　2009年

■作品
・ぱどー地域ママたちのための子育て支援情報誌『まみたん』（キャラクター・イラスト）
・ぱどー医療機関情報誌『ご近所ドクターBOOK』（キャラクター・イラスト）
・ローソン－緑の募金『花と緑の日』（イラスト・デザイン）
・アルク－『子ども英語ジャーナル』（イラスト・デザイン）　他多数
ホームページ　http://donnguri.com/

わくわく 保育のフレーム・飾り罫 CD-ROM
すぐに使える！ペープサート・パネルシアターの型紙つき！

2012年3月20日　第1刷発行
2018年8月20日　第3刷発行

著　者　どんぐり。
発行者　田上 妙子
印刷・製本　シナノ印刷 株式会社
印　刷　株式会社 平河工業社
発行所　株式会社 マール社
　　　　〒113-0033
　　　　東京都文京区本郷 1-20-9
　　　　TEL 03-3812-5437
　　　　FAX 03-3814-8872
　　　　URL http://www.maar.com

■企画・編集
引間 由貴（株式会社マール社）

※ Microsoft® Windows®・Microsoft® Word® はマイクロソフト社の登録商標です。
※ Macintosh® はアップル社の登録商標です。

ISBN978-4-8373-0773-0　Printed in Japan
© Donnguri. 2012

乱丁・落丁の場合はお取り替えいたします。